便秘外来医が教える

スルッ！と1分で解消「腸ほどき」マッサージ

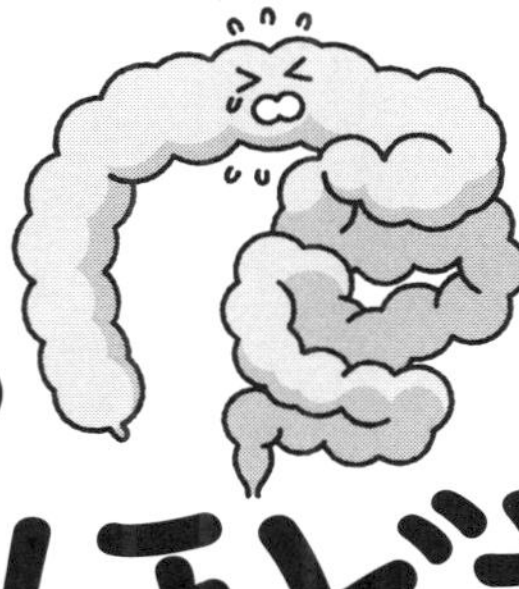

水上健 著

JN218021

PHP

はじめに

「便秘」

その苦しさと不快感は、便秘以外の人には理解されにくい、それはそれは悩ましい病気です。

「一度発症すると一生付きまとう」ともいわれ、生まれてからずっと、という人も少なくない、ある意味非常に恐ろしい病気です。

そして、そんな困った病気なのに、病院に行っても「命にはかかわらないから気にしてはいけない」などと、つれないあしらいをされて不愉快になった方も少なくないのではないでしょうか。

２０１７年10月、日本で初めての「慢性便秘症診療ガイドライン」が日本消化器病学会から発表されました。

私もガイドライン作成に携《たずさ》わったのですが、便秘というポピュラーな病気が、今までガイドラインもなく診療されてきたことに日本の便秘対策の最大の問題点がありました。

医師を含めて便秘に対する知識がないまま下剤に頼った対処をしていた、それは恐ろしいことに「治りにくい弛緩性《しかんせい》便秘をつくる」ことにつながっていました。

便秘といってもその症状は一つではありません。

「毎日出ない」というのは一番多い悩みですが、「便が硬い」「便を出しにくい」「残便感がある」といった症状もあります。

悩んでいる症状のそれぞれに原因があって、結果としてその症状が出ているのです。

「お腹が痛い便秘」というのは、慢性便秘症のうちの便秘型過敏性腸症候群といいますが、「お腹が痛い」のは、腸が動いても腸がねじれたり折れ曲がったりして便が出ないためなのです。

その原因となる「ねじれ腸」「落下腸」について、以前テレビ番組で対処法を発表したところ、ものすごい反響があり、私自身びっくりしました。

同じように「毎日出ない」「便が硬い」「便を出しにくい」「残便感がある」という症状にはそれぞれ理由があり、対処法があります。

「便秘の対処法」ではなく、「便秘の原因それぞれの対処法」が重要なのです。

本書ではまず便秘に対する誤解をガイドラインの内容に沿って解消します。

そして皆さんの便秘の原因を突き止め、対処法をお教えします。

それは決して難しいことではなく、1日数分の心配りでも十分です。

便秘という、人生にかかる黒い霧を一掃して、明るく楽しい生活を取り戻しましょう。

水上　健

便秘外来医が教える　1分でスルッ!と解消「腸ほどき」マッサージ　もくじ

PART 1
どうしてあなたの腸はつまるのか?

PART 2

「腸ほどきマッサージ」でねじれ腸便秘を解消！

PART 3

つまりしらずの腸になる生活

イラスト　渡邉美里
装幀　小口翔平＋岩永香穂（ｔｏｂｕｆｕｎｅ）
本文デザイン・組版　朝日メディアインターナショナル株式会社
編集協力　森末祐二

PART1

どうしてあなたの腸はつまるのか?

毎日出なくても便秘ではない？

「便秘」の定義について

某テレビ局の美しい女性アナウンサーから、「10日に1回しか出ないんですけど、何も困っていません。私は便秘ではないんでしょうか？」と尋ねられたことがあります。

この疑問が、多くの日本人の誤解を見事に表しています。便秘というと「毎日出ないこと」だと思われがちですが、実はそうではないのです。この前提に立つ限り、日本の便秘治療は、その出発点から間違っていたといわなければいけません。「毎日出ない」のが便秘ではありませんし、そもそも「毎日出そう」としなくてもいいのです。

排便の回数は、①**食べる内容**、②**食べる量**、③**一人ひとりの体質**、④**そのとき置かれた環境**に左右されます。毎日同じ食事をとり、毎日同じような生活をしている家族の中でも、毎日出る人と、3日から10日に1回しか出ない人がいる場合もあります。排便回数には、それくらい個人差があるということです。

年齢を重ねると、食事の量が減ります。食事の量が減れば当然便は減り、排便の回数も減ります。お年頃の女性もダイエットで食事の量が減る傾向があり、同様に排便回数が減ります。あるいは旅行中に出なくなる人、平日に出なくて休日にまとめて出る人もいます。これには精神的ストレスが大きく影響しています。

2017年に、「慢性便秘症診療ガイドライン」が発表されています。これにより、慢性便秘は「本来体外に排出すべき糞便を十分量かつ快適に排出できない状態」と定義されるようになりました。

その診断基準は、次ページのとおりです。6カ月以上前から症状があり、最近3カ月間、6項目のうち2項目以上当てはまれば「慢性便秘症」と診断されます。

慢性便秘症の診断基準

a．排便の4分の1超の頻度で、強くいきむ必要がある。

b．排便の4分の1超の頻度で、兎糞《とふん》状便または硬便である。

c．排便の4分の1超の頻度で、残便感を感じる。

d．排便の4分の1超の頻度で、直腸肛門《ちょくちょうこうもん》の閉塞感や排便困難感がある。

e．排便の4分の1超の頻度で、用手《ようしゅ》的な排便介助が必要である（摘便《てきべん》・会陰部《えいんぶ》圧迫）。

f．自発的な排便回数が、週に3回未満である。

6カ月以上前から症状があり、最近3カ月間、6項目のうち2項目以上当てはまっていること

まとめると、次の4項目のうち2項目以上を満たすものを治療対象と捉えています。

①硬い便
②排便困難
③残便感
④排便回数が週3回未満

つまり便秘は排便回数だけではなく、排便困難や残便感などを併せた症状があって初めて便秘として捉えられるのです。

知っておこう、腸と消化のしくみ

大腸の構造について

便秘について解説していく前に、まずは大腸の構造と排便のメカニズムを説明しておきたいと思います。

次ページのイラストをご覧ください。大腸は、**「上行《じょうこう》結腸《けっちょう》」「横行《おうこう》結腸」「下行《かこう》結腸」「S状結腸」「直腸」**によって構成されています。

上行結腸と横行結腸からなる上流部分の役割は、小腸に似ていて、消化吸収を行っています。横行結腸の下流側から直腸に至る部分では、主に便の貯留が行われます。

排便時には、横行結腸の下流側から直腸にかけて、ためられていた便が排出されます。

大腸の構造

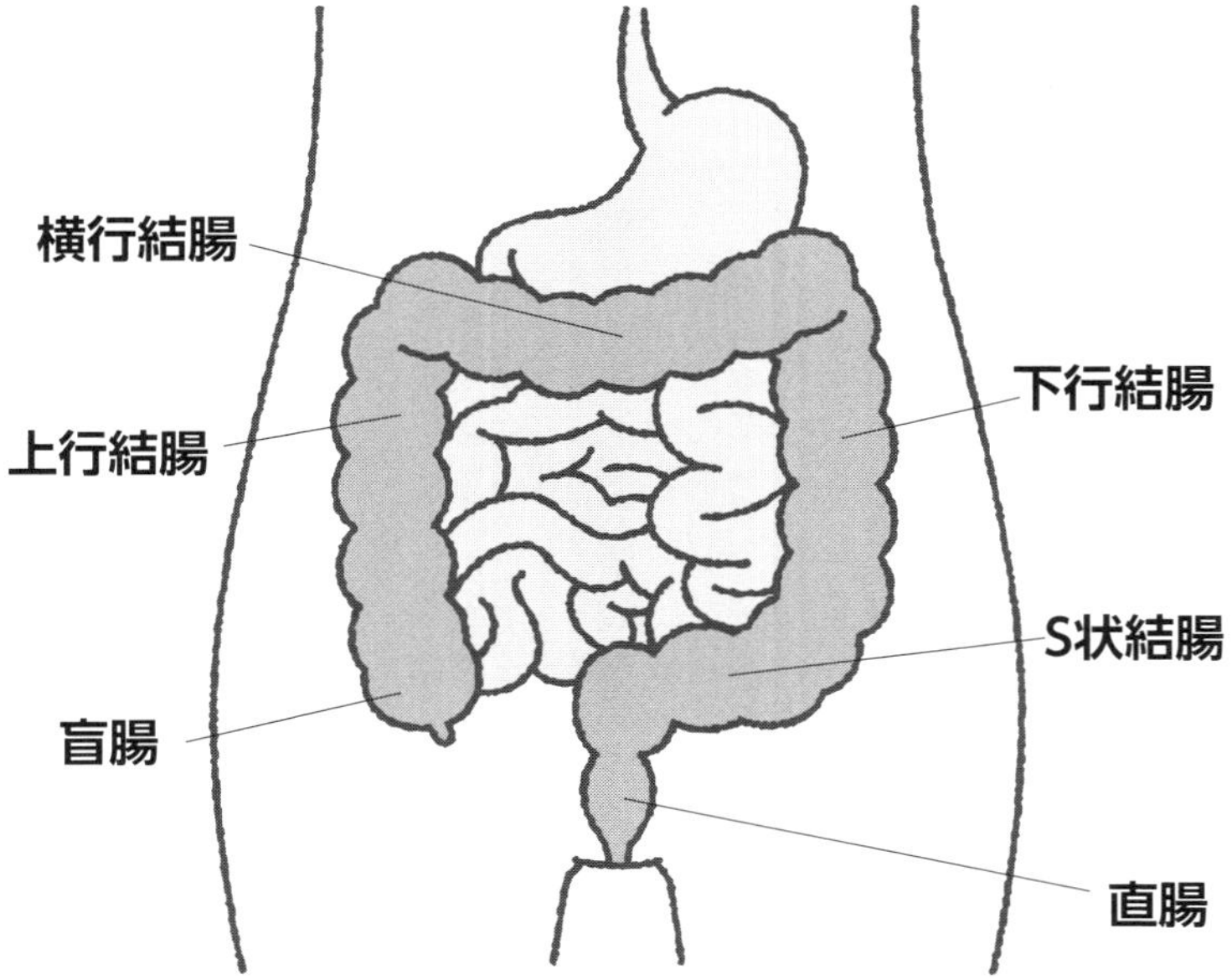

排便のメカニズムとは

腸の動きは、かなり複雑です。

私たちが食事をすると、胃がゆるんで食べ物を受け入れ、消化が始まります。胃で溶かされた食べ物は十二指腸に送られ、さらに小腸を通っている間に栄養が吸収されていきます。おおよそですが、小腸から2リットル分の内容物が大腸に送られます。

小腸を通ってきた内容物は、いったん盲腸に充填されてから、上行結腸、横行結腸へと移行していきます。ここで約24時間滞留しながら、水分と電解質が吸収されるのです。水分と電解質が吸収された残りのカスが集まり、固まって便になります。

睡眠中は、下行結腸やS状結腸の運動は低下しています。つまり、便をつくってそれを運ぶ動きが少なくなっている、ということです。

翌日起床してから、その日の最初の食事によって、「胃結腸反射《いけっちょうはんしゃ》」が起動します。

胃結腸反射とは、胃から大腸に向けて、「体内に食べ物が入ってきたよ！」という情報が送られることを意味します。それから2時間くらいの間、大腸がよく動き、内容物を先へと送ります。

同時に、胆のうから胆汁《たんじゅう》が分泌されます。胆汁は「体内下剤」と呼ぶべき物質であり、これが大腸内に入ることで、内容物の移動が促《うなが》されます。

そうして大腸の内容物（＝便）が直腸に到達すると、ここで初めて「便意」が起こり、いったん便は停止します。この間に、体は排便の準備を整えるのです。

このタイミングでトイレに入り、便座に座って排便を始めると、まず内肛門括約筋《ないこうもんかつやくきん》と肛門挙筋《きょきん》がゆるみます。さらに腹筋と横隔膜《おうかくまく》が収縮することによって腹圧が上昇します。続いて骨盤底筋《こつばんていきん》が下に降りて、肛門管と肛門が開きます。

その時点でS状結腸から直腸にかけて蠕動《ぜんどう》運動が起こり、便が肛門に向かって進みます。さらに本人が「いきむ」ことによって、外《がい》肛門括約筋と恥骨直 腸筋《ちこつちょくちょうきん》がゆるみ、便が体外に排出されるというしくみです。

私たちが摂取した食べ物は、だいたい36時間から48時間以内に大腸を通過して排泄されます。排便直前の流れとしては、①食事をとる、②胃結腸反射で大腸が動き出す、③胆汁が分泌される、④便が肛門近くに進む、という順番になります。

つまり「食後」が、排便に最適な時間であるといえます。

便秘は原因別に対処する

便秘になる理由は一つではない

「便秘」というと、つい「ひとくくり」に考えてしまいがちではないでしょうか。

便秘の症状には、「毎日出ない」「便が硬い」「便を出しにくい」「残便感がある」といったものが挙げられます。これらの症状が出るには、人それぞれに相応の理由が存在するのであって、原因は一つではありません。

まず、便秘というものをひとくくりに考えず、何が原因となって便秘の症状が現れているのかについて、きちんと究明しなければなりません。そして、それぞれの原因に対して最適な治療方法を選び、施《ほどこ》していくことが、合理的で効果的だといえます。

私が勤務している久里浜医療センターでは、便秘の患者さんのレントゲン写真を撮り、問診を行い、便の量、形状、ガスの量、腸の形を総合して便秘の原因を考えて治療に当たっています。

各種の便秘の特徴は、次節以降で詳しく述べてまいります。

便秘に悩む前に生活習慣を改善しよう

大前提として、ご自分が便秘だと悩む前に、確認していただきたいことがあります。そもそもあなたの食事の量が少なすぎたら、便の回数は必然的に少なくなります。また、ふだんから食物繊維をとる量が著《いちじる》しく不足していたり、水分をとる量が少なすぎたりすると便は硬くなります。あるいは極端な運動不足が続いていたら、便が出にくくなって当然です。

便秘気味だと感じている方は、まずこれらの生活習慣を改善してください。毎日20グラムの食物繊維をとるのは難しいかもしれませんが、バランスのよい食事を心がけ、1日1リットル以上の水分をとり、体操などの運動をするようにしましょう。そして朝食後に3分間、排便を試みてください。これらを実行するだけでもかなり改善されるはずです。

多くの日本人の大腸はねじれている

大腸の内視鏡検査で「腸のねじれ」を発見

まずは「腸管の形態の異常」が原因となって引き起こされる便秘から考えていきましょう。私は、今では便秘やＩＢＳの専門医のように思われていますが、もともとはそうではありませんでした。便秘やＩＢＳの治療法に取り組むようになったのは、大腸の内視鏡検査をスムーズに行えるよう工夫していたことがきっかけです。

大腸の内視鏡検査は、実は技術的に非常に難しいものでした。肛門から盲腸まで内視鏡を通すわけですが、特にＳ状結腸の部分がなかなかうまく通らないのです。

そこで私は、いかにスムーズに内視鏡を通すかを研究し、やがて「浸水法《しんすいほう》」という方法を編み出しました。名前のとおり、大腸に水を注入してから内視鏡を入れるという方法です。

直腸からS状結腸にかけて、大腸内を水で満たせば、内視鏡が内壁にひっかかりにくくなり、大腸が伸びたりひっぱられたりしなくなります。これだけで、内視鏡がずいぶんスムーズに入っていくようになるのです。この方法は欧米でも注目され、アメリカやドイツで講演する機会をいただきました。

ドイツでは100人以上の患者さんの大腸を内視鏡で検査しましたが、浸水法を使えば、スルスルと簡単に内視鏡は奥に入っていきました。

ところがです。日本人の場合、S状結腸がスムーズに通ったとしても、もっと奥のほうで通すのが難しい人が多いことに気づきました。どうやら欧米人よりも、大腸が複雑にねじれている確率が高いようなのです。これに気づいてから、患者さんたちとやり取りをしているうちに、大腸がねじれていたり、下がっていたりする人の多くが、便秘などのトラブルを抱えていることが分かりました。

考えてみれば、内視鏡が通りにくい大腸なら、便もまた通りにくいのは当たり前のことです。こうした経験をしたことが契機となり、私の「ねじれ腸」と「便秘」の研究が本格的に始まったというわけです。

正常な腸と「ねじれ腸」

ねじれて、ループを描き、長さも伸びた大腸の例

「ねじれ腸」とはどのような状態なのか、画像を見ていきましょう。

次ページの、腸の形を立体的に画像化する「CTコロノグラフィー」という機械で見た腸をご覧ください。上が正常な大腸です。正常な大腸は、上行結腸と下行結腸が、背中側にまっすぐに固定されています。このような大腸なら、内視鏡を入れてから2分程度で盲腸まで到達します。

下は、かなり極端にねじれた大腸の例です。S状結腸からねじれていて、ずいぶん長くなっているのが分かります。下行結腸にいたってはループを描いています。大腸全体も、通常は130センチメートル程度ですが、この患者さんの場合、なんと2

メートル以上に伸びていました。
当然、内視鏡を通すのも困難で、このときは盲腸に達するまでに40分くらいかかってしまいました。これでは便がスムーズに出るわけがありません。大腸がねじれている分、便はひっかかりやすく、大腸が長い分、便が直腸まで到達するのにも時間がかかってしまいます。

正常な大腸

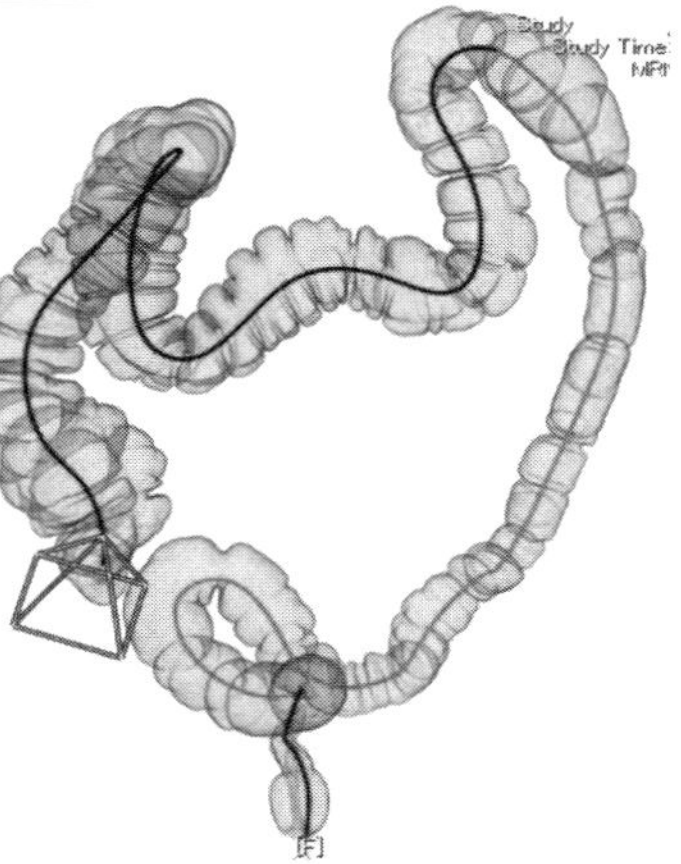

ねじれ腸

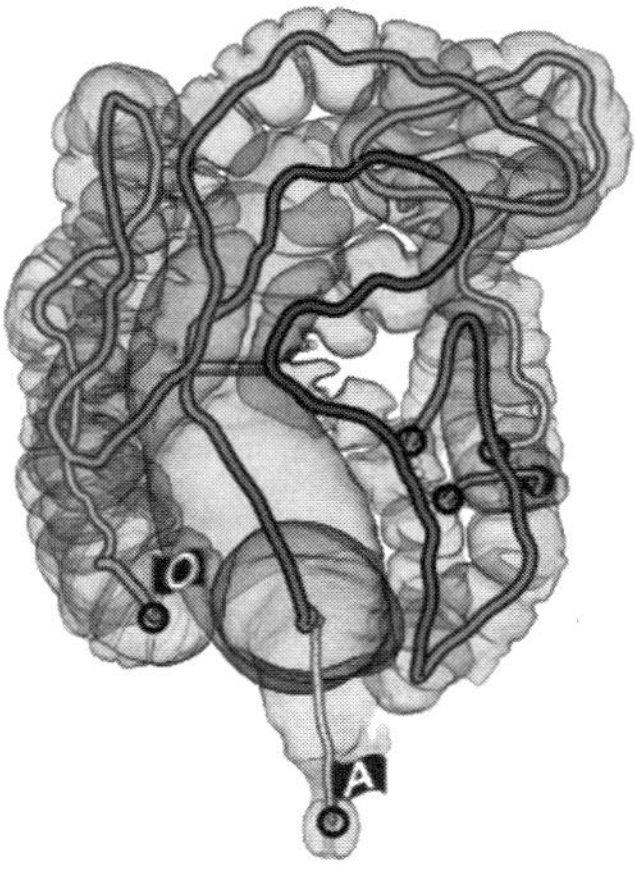

「ねじれ腸」セルフチェック

ねじれて腸管が狭くなった箇所で便がひっかかる

「ねじれ腸」の場合、ねじれた部分の腸の内腔が狭くなっていて、検査の際にどうしても内視鏡がひっかかってしまいます。

大腸は、蠕動運動によって便を直腸の方向に運びます。硬く固まる前の便は、もちろん内視鏡よりは軟らかいですから、ねじれて狭くなっている部分を通り抜けられないわけではありません。しかし、ねじれの程度によっては便がひっかかりやすく、便秘になる可能性があります。

バリウムを飲んだあと、ひどい便秘になる人の多くは「ねじれ腸」のようです。腸閉塞の一種である「S状結腸軸捻転《じくねんてん》症」は、典型的な「ねじれ腸」の状態です。

「ねじれ腸便秘」の特徴は、「お腹の痛み」をともなうことです。大腸が動いて便を運ぼうとして、ねじれた部分でひっかかることによって痛みが出てしまうのです。

「ねじれ腸便秘」の方が、刺激性の下剤を使うと、ひどい腹痛を起こすことがあるので注意が必要です。これも「ねじれ腸便秘」の特徴であり、痛みが非常に強いときには、トイレで失神してしまう人もいます。

問診で「ねじれ腸」かどうかを確認する際、次の項目に当てはまるかどうかを尋ねています。２つ以上該当すると、腸がねじれている可能性があります。

「ねじれ腸」セルフチェック項目

□子どもの頃から便秘がちだった。
□腹痛をともなう便秘になったことがある。
□便秘のあと、下痢になったり、軟便が出たりしたことがある。
□運動をあまりしなくなったとたんに便秘になったことがある。

便がつまると大腸が伸びてしまう

伸びた大腸に便が約4キログラムたまることも

大腸は、年をとるにつれて「伸びて」いきます。

便秘の方はなおさらで、通常は130～140センチメートルくらいの大腸が、160センチメートルくらいに伸びている人は、かなり多くいます。中には24ページの下の図のように、2メートル以上に伸びているケースもあります。便が慢性的にたまっていることで、たとえは悪いですが「パンツのゴムが伸びるように」腸も伸びてしまうようです。

「私の腸もぐちゃぐちゃに伸びてしまっていたらどうしよう」と思われるかもしれませんが、便の硬さを調整してマッサージを行うだけで、腸が2メートル以上に伸びてしまっていた方も下剤なしで毎日排便できるようになりました。

大腸がねじれやすい場所は、次ページの図をご参照ください。

腸のこうした部分がねじれて、腸管が狭くなることで、便がたまりやすくなるわけです。ねじれ腸の人は、かなり多くの便をためていることがあります。

私自身もそうで、かつて2キログラムもためていたことがありました。患者さんでは、4キログラムくらい便をためていた人も少なくありません。腸が伸びると、こんなにも多量の便がたまってしまうことがあるのです。

この状態は、元に戻らないわけではありません。たまっていた便を出すことができれば、腸はある程度短くなります。

ただし、10年も20年も下がりっぱなしで腸が伸びた状態が続いていたら、腸の神経がダメージを受けていて、便秘はよくなることはあっても腸の形や長さは元に戻らない可能性もあります。

大腸がねじれやすい場所

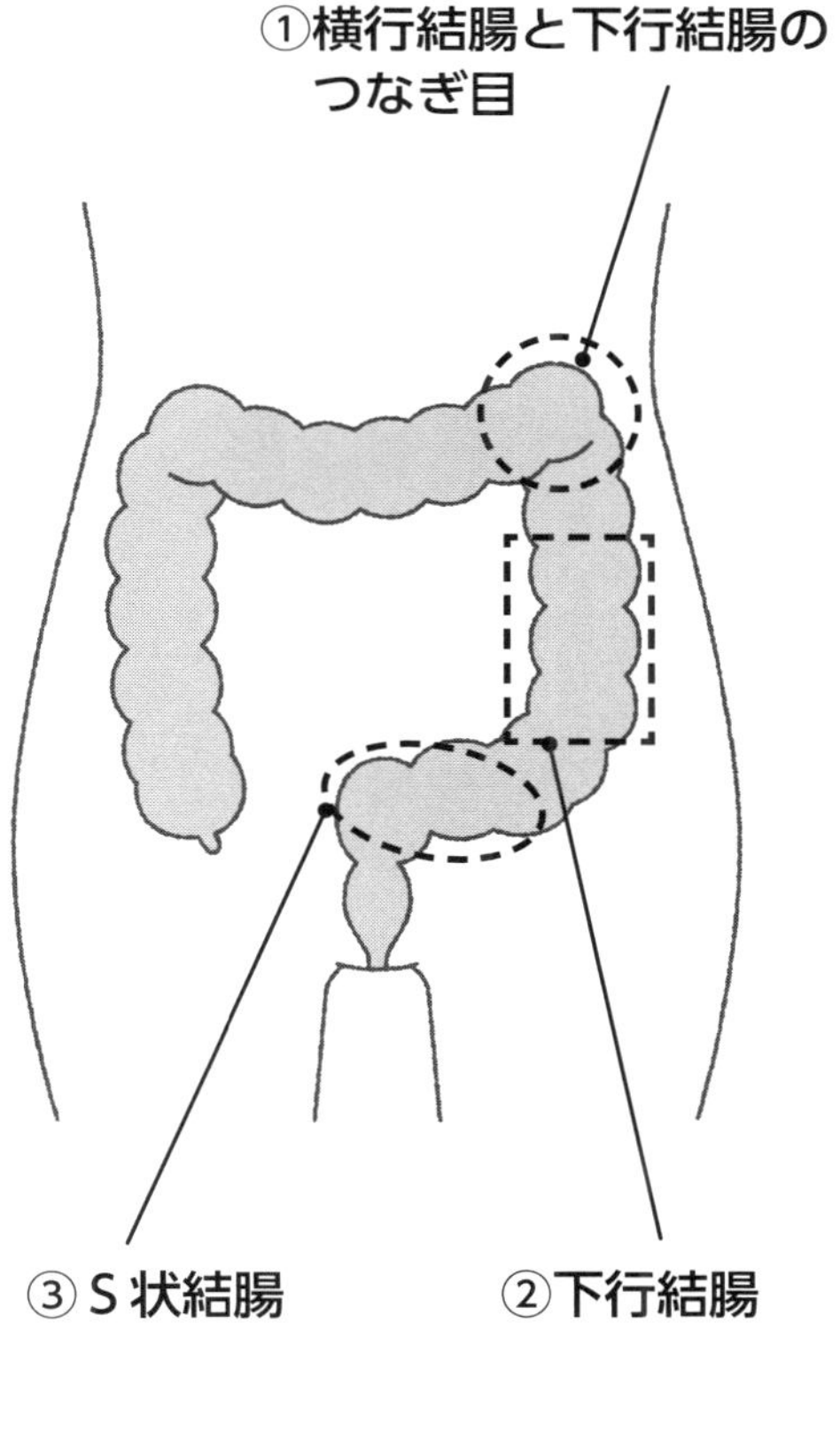

腸の形は遺伝する？

親子やきょうだいで腸の形が似ている人は多い

私はこれまで約2万人の大腸を見てきましたが、程度の差こそあれ、約8割の方々の腸がねじれていました。いわゆる教科書に載っている解剖図のような、四角に配置された大腸の方は、全体の約2割しかいませんでした。

最近のインターネット調査によると、日本人の4人に1人は便秘に悩まされているといわれます。男性が便秘になる確率は低いのですが、女性は半数以上が便秘の傾向があるともいわれています。

ねじれ腸の方が全員便秘になるわけではありませんが、便秘と日本人のねじれ腸の割合の高さには、何らかの関係がありそうです。

ではなぜ、日本人にはねじれ腸が多いのでしょうか。詳細は判明していませんが、腸の形は家族間で遺伝している可能性があると考えています。というのも、多くの患者さんから話を聞いていると、「親もきょうだいも便秘です」とおっしゃる方が非常にたくさんいらっしゃいます。便秘が少ないはずの男性である父親も便秘だといわれる方もいます。また、子どもの便秘患者は多くはないのですが、その子どもの便秘患者の親も、子どもの頃から便秘だった方が多いのです。

CTコロノグラフィーで腸の形を見てみると、親子やきょうだいで「腸の形がそっくり」なケースが多いのが分かります。やはり、顔などと同様に、腸の形は遺伝している可能性が高いといえます。

腸の形は胎児の12週目くらいで決まります。その際、大腸の一部が背中に固定されます。しかし一部に、大腸が背中に固定されていない人が見受けられます。こうした方々の腸は、自由に伸びてねじれる確率が高くなります。要は「生まれつき」ということです。

大腸が骨盤の中に落ち込む「落下腸」

落下して折れ曲がることで便秘につながる

前節で、大腸が背中に生まれつき固定されていない人がいるといいました。大腸が背中に固定されていない人の場合、左ページの上の図のように、寝転んだ状態では大腸は正常な位置にあります。ところが立ち上がって体が垂直の状態になると、固定されていない大腸が骨盤付近までダラリと下がってしまうのです。

これは「落下腸」という状態です。起立した姿勢で、おへそから下がポッコリ出るのが特徴です。腸が下のほうに下がることで、グニャグニャに折れ曲がってしまいますから、自由に伸びてねじれる確率も高く、折れ曲がったところで便の通りが悪くなるため、便秘の原因となります。

「落下腸」の人が運動不足になると、ねじれ腸と同様の腹痛をともなう便秘になる確率が高まります。また、下腹が出ることから、胃下垂と間違えている人も多くいらっしゃいます。胃下垂だと思っていたけれども、そういえば便秘しがちだという方は、落下腸が便秘の原因になっている可能性があります。落下腸は、ねじれ腸よりも下のほうに大腸があるため、のちほど紹介するねじれ腸に効くマッサージが効かない場合があります。大腸全体を押し上げるマッサージも合わせて紹介しますので、ぜひお試しください。

落下腸

あおむけに寝た状態

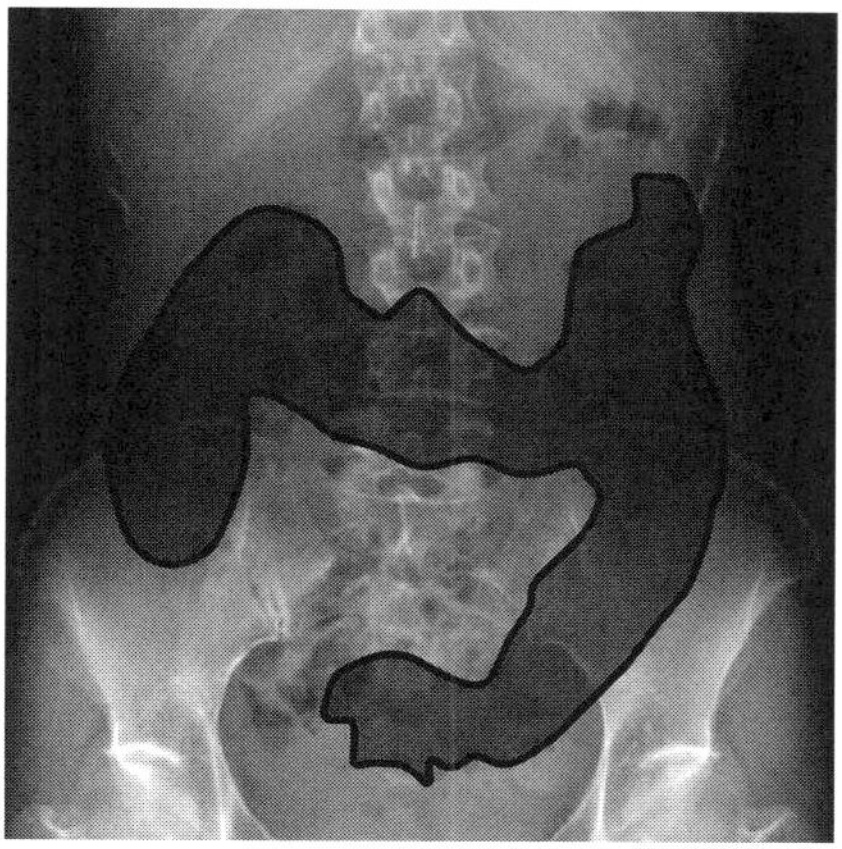

立っている状態

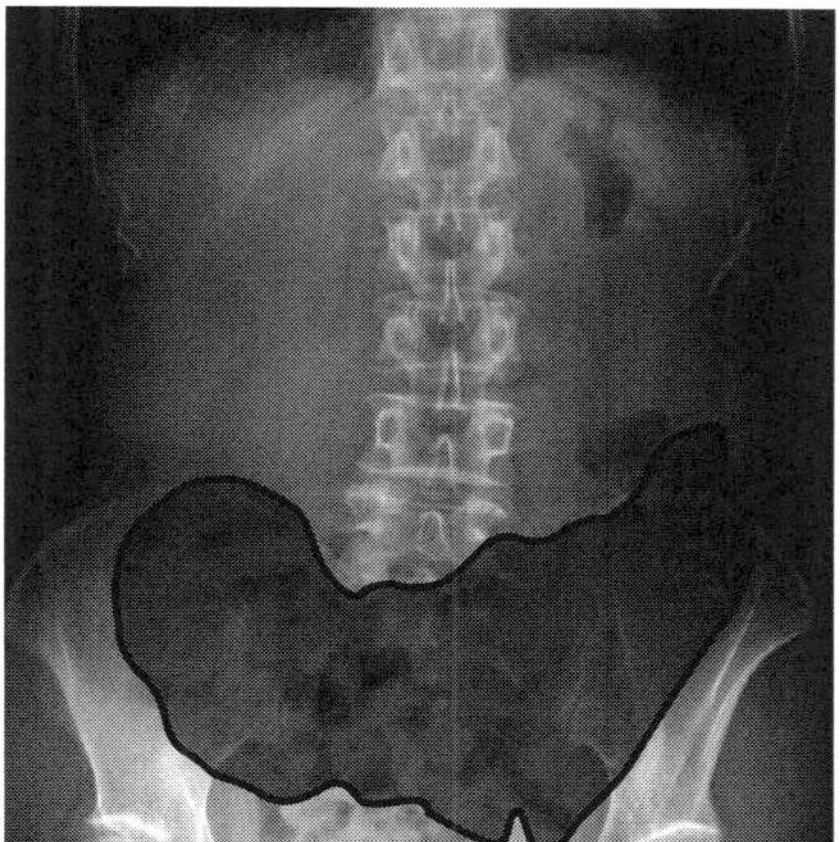

便秘型過敏性腸症候群とは

ストレスが原因の便秘型ＩＢＳは多くない

「過敏性腸症候群（ＩＢＳ）」という病名を、耳にすることがありませんか？

「ＩＢＳ」とは、主に精神的なストレスが原因となって、下痢や便秘などの症状を繰り返す疾患だと考えられています。もっと簡単にいえば、「電車に乗ったり、会議に出席したりすると、下痢になってしまう」というイメージが定着しています。

ところが「ＩＢＳ」の「Irritable」という単語は、「イライラしている」とか「怒りっぽい」といった意味であり、必ずしも「ストレスに過敏になっている」という意味ではありません。「ＩＢＳ」という病名は、少しずれた意味合いで一人歩きをしているようにも思われるのです。

実際、「ＩＢＳ」の診断基準は次のように示されています。

「繰り返す腹痛が、最近3カ月の中で、平均して1週間に少なくとも1日以上、下記のうち2項目以上の特徴を示す。①排便に関連する。②排便頻度の変化に関連する。③便形状（外観）の変化に関連する」

一言でいえば、ＩＢＳとは**「排便に関連して繰り返す腹痛が週1日以上ある」**ということです。つまり、精神的なストレスとの関連性は、診断基準の中ではうたわれていないのです。

そしてその病型は便の形状から「下痢型」「便秘型」「混合型」「分類不能型」の4種類に分けられます。「腹痛をともなう便秘」は、「便秘型ＩＢＳ」と診断されるのです。

これまでの私の経験では、ストレスが原因の便秘型ＩＢＳは多くありません。ごく一部の患者さんで、ストレスで腸がけいれんし、腹痛をともなう便秘の症状が出ることがあります。ただ、日本人の便秘型ＩＢＳの原因の大半を占めているのは、精神的ストレスではなく、「ねじれ腸」や「落下腸」の方の運動不足のようです。

ねじれ腸を胃痛と勘違いすることも

横行結腸は胃に近く、どっちが痛いのか分かりにくい

大腸がねじれて起こる症状を、胃痛だと勘違いしてしまうことがあります。

ねじれ腸になりがちな部分は、便が硬くなる横行結腸と下行結腸のつなぎ目、下行結腸、S状結腸です。

中でも横行結腸と下行結腸のつなぎ目がねじれている人は、その手前の横行結腸に便がつまっています。そしてそのあたりが張って痛くなってきます。

実は、横行結腸が通っている場所は、胃と非常に近いため、大腸のねじれだとは想像せず、胃痛だと思い込んでしまうのです。胃のあたりが痛くて、胃の検査やエコー検査をしても異常がない人は、大腸のねじれが原因かもしれません。

横行結腸と胃の位置は近い

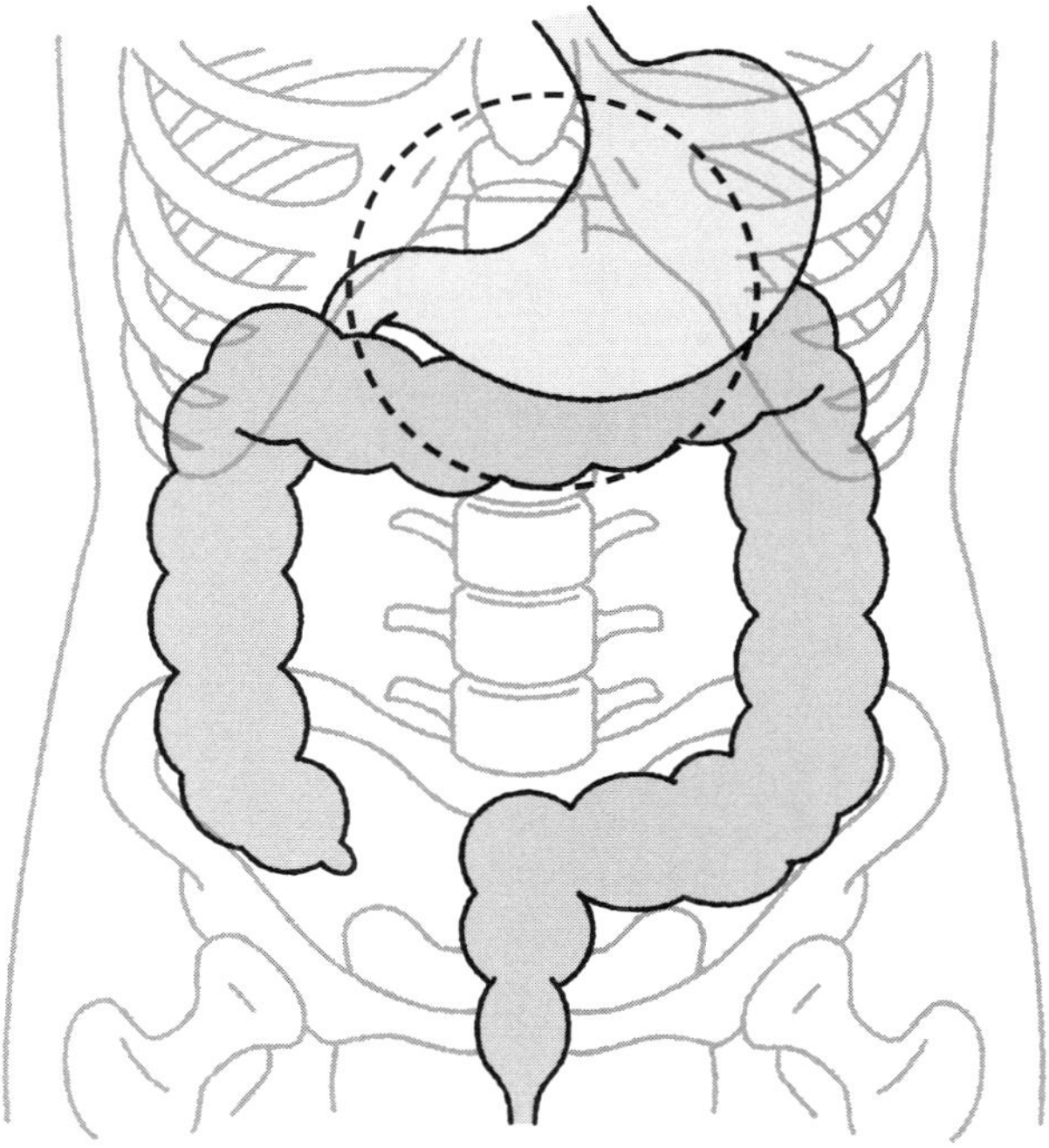

胃と横行結腸は、ほぼ同じ肋骨の下に位置している。そのため、横行結腸と下行結腸のつなぎ目がねじれてその手前に便がたまってお腹が張る場合は、胃の痛みのように感じることがある。

直腸性便秘の原因と治療法

直腸は便意をもよおす「スイッチ」の役割を果たしている

ここからは、「ねじれ腸」以外の便秘の原因を紹介してまいります。

「ねじれ腸」以外の便秘の原因として多く見られるのは、「直腸性便秘」です。これは、「トイレ（排便）を我慢する」という行為によって引き起こされます。

そもそも便意は、次のような過程で発生します。まず、大腸に大蠕動が起きると、S状結腸にある便が直腸に入ります。そして直腸壁が伸展されると便意を感じます。

当然、便意を感じたタイミングでトイレに行けば、スムーズに排便できます。その意味で「直腸」は、便意と排便のスイッチといえます。

排便を我慢しすぎると、直腸の感覚が鈍って便秘になる

直腸性便秘は、便意と排便のスイッチが入りにくくなることによって発症します。便が直腸まで達しているのに、便意を感じずトイレに行かずにそのままにしておくと、大腸に便がどんどんたまってしまいます。そして結果的に便秘となってしまうのです。

では、なぜ便意と排便のスイッチが入らなくなってしまうのでしょうか。

日常生活の中で「排便を我慢する」という状態があります。例えば子どもなら、学校のトイレでは恥ずかしくて排便できない、と思う場合があります。そのため便意があっても、排便せずに自宅まで我慢し続けてしまうのです。大人でも、たまたまトイレに行く時間がなくて、何時間も我慢しながらすごしてしまうことがあります。特に女性は、そのとき置かれた状況によって、排便を我慢してしまう人が多くいます。こういう経験をしている人は、意外とたくさんいらっしゃるはずです。

では、便をこらえるとどうなるでしょうか。便がたまって、直腸が拡張した状態が慢性化すると、**だんだん直腸の感覚が鈍くなっていきます。**

便意は、痛みとは違って「揺れ動きやすい感覚」です。しばらく我慢していると、ふっと消えることがよくあります。便意を我慢し、直腸が拡張し、便意が消えることを続けているうちに、やがて直腸に便が下りてきても、感覚が鈍ったせいで、便意を感じなくなってしまうのです。すなわち直腸性便秘になっていくわけです。

一度リセットし、毎朝食後に排便を試みる習慣をつける

では、直腸性便秘の治療法を紹介しておきましょう。方法はいたってシンプルです。

まず浣腸を使って、直腸にたまった便を全部出してしまい、一度リセットします。

次に、最も排便に適した「その日の最初の食事（朝食）」のあと、便意があるかないかにかかわらず、トイレに入って排便を試みます。必ず3分間排便するよう努力してください。これを毎日やります。数週間も続ければ、ほとんどの場合、自然に便意が起こるようになります。

ストレスによるけいれん性便秘とは

緊張やストレスで腸がけいれんすることがある

精神的なストレスが原因で腸がけいれんし、便秘になることがあります。腸がけいれんすると、そこで便が停滞し、水分がどんどん吸収されて便が圧縮されます。便の量が減ることで排便回数が減るのです。けいれん性便秘の特徴は、うさぎの糞のようなコロコロとした便が出たり、7日以上排便がなくてもお腹が張らなかったりすることです。

多く見られる症例ではありませんが、緊張しやすかったり、精神的ストレスを感じたりしやすい人に時折見られます。

旅行中・仕事中に出ない人は、けいれん性便秘の疑いあり

もし仕事や人間関係などでストレスを感じていて、それと同時期に便秘になっている方は、けいれん性便秘の疑いがあります。

あるいは旅行中や、平日に便が出ず、旅行から自宅に帰ったときや、仕事がない週末には便が出る、という方も、けいれん性便秘の可能性が疑われます。旅行先や仕事場で「緊張感」が続くことによって、腸がけいれんして便が圧縮されるのです。

久里浜医療センターに来られる患者さんの中で、診察の日になるとよく便が出る、という方もいらっしゃいます。診察の日は仕事が休みですし、「当院に来たら便秘が改善する」という安心感で腸のけいれんが収まって排便があるようです。

ストレスとうまく付き合い、リラックスすれば改善する

ストレスが原因となっているけいれん性便秘への対処の仕方としては、ストレスとうまく付き合っていく方法を工夫するのがよいでしょう。また、「毎日出ない」ことを気にしないことも有効です。

まずは精神をリラックスさせましょう。ちなみに大腸内視鏡検査では、緊張で腸がけいれんしていた患者さんも、リラックスすると、とたんに腸もリラックスして、内視鏡が通りやすくなります。

ストレスが軽減されると腸のけいれんが止み、便が通りやすくなります。あるいは運動をしてストレスが発散されても、腸のけいれんが止み、便が通りやすくなるものです。

いずれにしても、腸の状態は、精神状態の影響を受けることがある、ということを知っていただくことが大切です。

また、便を軟《やわ》らかくするために便の水分を増やしましょう。1日1リットル以上は水分をとるべきです。さらに、便に水分をとどめるため「浸透《しんとう》圧性《あっせい》下剤」でもあるオリゴ糖や酸化マグネシウムを適量とることがおすすめです。ただし何事もそうですが、とりすぎは糖尿病やマグネシウム中毒などの危険があるので少なめの量での対処が大切です。

ゆったりリラックスできる
時間をつくりましょう

適度なスポーツなどで
ストレスを発散
しましょう

1日1リットル以上は
水分をとりましょう

弛緩性便秘を克服しよう

刺激性下剤を飲みすぎると、かえって便秘を悪化させる

本書を手にとって読まれている方の多くが、便秘で悩んでおられることと思います。中には下剤を毎日使っている方がいるかもしれません。

どうしても下剤に頼らなければならないときもあるでしょう。しかし、下剤の使い方には、十分注意しなければなりません。なぜなら、下剤の使いすぎが、かえって便秘をひどくしてしまう可能性もあるからです。

下剤といっても、大きく「浸透圧性下剤」と「刺激性下剤」に分けられます。大腸内の水分吸収を抑えるオリゴ糖や酸化マグネシウムなどの「浸透圧性下剤」は、適量であれば長期間毎日とっても支障がないので、ここでは「刺激性下剤」の弊害と対策

について説明してまいります。

刺激性下剤には、「ピコスルファート」「ビサコジル」「大黄《だいおう》」「センナ」「アロエ」「決明子《けつめいし》」などがあります。刺激性下剤は、大腸において「腸管神経叢《ちょうかんしんけいそう》（腸の中の神経）」を刺激して、強制的に「大蠕動」を起こし、便を出す薬です。

薬の刺激によって大蠕動を無理やり発生させているという意味で、刺激性下剤は「対症療法」に位置づけられます。

要は、「たまった便をとりあえず強制排泄させている」だけであって、便秘の原因を取り除く治療方法ではない、ということです。

もちろん、硬くて出にくい便をリセットする、という意味で、下剤を服用する意義はあります。ただし、刺激性下剤を長期間毎日使用し続けると、だんだん大腸が疲弊して、本来の機能が徐々に失われてしまいます。

大腸が疲れて機能が損なわれると、当然、便が出にくくなってしまいます。そうなると、出そうとしてさらに下剤を飲み、薬の量を増やすなどして無理やり排泄させ、よりいっそう大腸は疲れ果てていく、という悪循環に陥ってしまうわけです。

これを「弛緩性《しかんせい》便秘」と呼びます。

下剤を飲む回数を減らし、腸の機能を回復させる

では、弛緩性便秘の回復方法について説明してまいりましょう。

下剤が原因の便秘ですが、すぐに下剤の使用を止めると、便が本当に出なくなってしまいます。そこで、まずは下剤を飲む回数を減らすことから始めます。排便は週に3回あれば問題ありません。そこで、下剤を飲む回数を、これまで毎日飲んでいた人は、ひとまず週に3回に減らしてください。必然的に週に4日は下剤を使わないことになりますから、その間、大腸を休ませることができます。

下剤を飲んだときには、確実に排便するようにします。下剤を飲んだのに、下剤が効いてくる時間に排便をしなかったら、下剤が腸内にとどまり、腸壁にダメージを与えてしまうからです。お腹がしくしくしくした状態も続くでしょう。

下剤を飲むタイミングも重要です。下剤は通常、寝る前に飲んで翌朝排便するものですが、便秘が慢性化すると、下剤を飲んでから効くまでに余分に時間がかかります。余分にかかる時間を見越して、例えば前日の朝または昼に飲むなど、翌朝排便できるようにコントロールするのです。そうして1回の下剤服用で、確実に便を出して

いきます。

下剤を飲む回数を減らすと、腸の機能が徐々に回復していきます。これを続けていけば、やがて下剤を飲まなかったときでも排便できるようになっていくはずです。最終的に下剤を飲む必要性がまったくなくなることも少なくありません。

回復には数カ月から数年かかりますので、気長に付き合っていきましょう。正しく対処すれば必ずよくなるはずです。

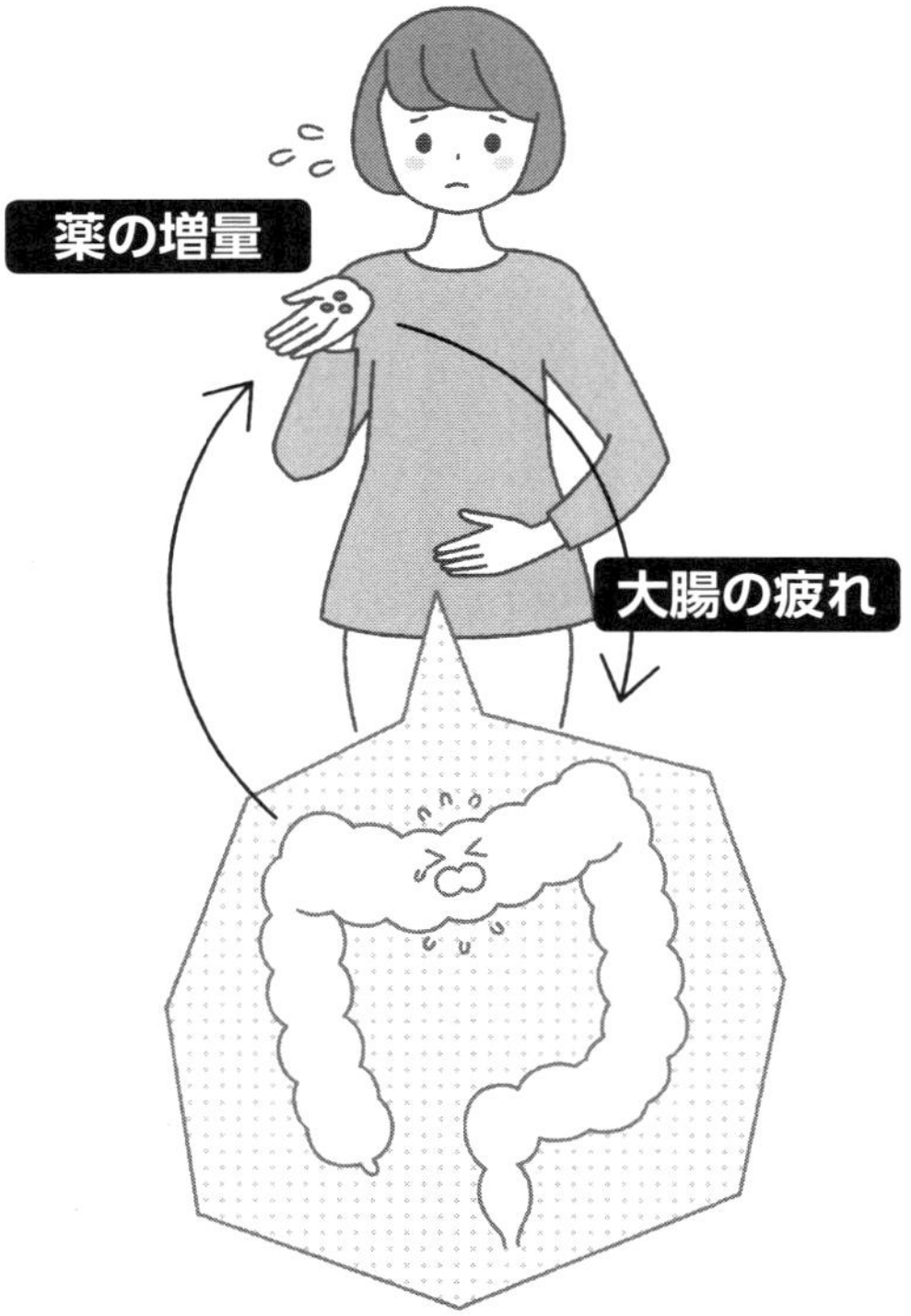

食事のとり方が原因の便秘

食物繊維をとりすぎると便秘が悪化することがある

食生活が原因となって、便秘になってしまうケースもあります。

例えばお通じをよくするためには「食物繊維」をとることが大事だとよくいわれます。ところが食物繊維を多量に摂取しすぎると、かえって便秘を招いてしまうこともあるのです。順を追って説明してまいりましょう。

まず食物繊維は、「不溶性食物繊維」と「水溶性食物繊維」の2種類に分けることができます。食物繊維が豊富といわれている食べ物には、たいていこの両方が多く含まれているものです。名称のとおり、不溶性食物繊維は水分に溶けない食物繊維で、水溶性食物繊維は水分に溶ける食物繊維です。

食物繊維がお通じによいとされているのは、実は「便のかさを増してくれる」からです。便意は、便がある程度の大きさ、太さになって、腸管の内壁を刺激することによって促されるものです。食物繊維を摂取することで、便のかさが増し、便の形状もよくなります。これがお通じの改善につながるというわけです。

便秘で悩んでいる人は、「食物繊維をとらなければいけない」という意識を持っています。そのため、食物繊維が多く含まれる食べ物をたくさんとろうとします。

食物繊維の1日の目標摂取量は約20グラムとされています。食物繊維を多く食事に採り入れている人は、この目標摂取量よりもかなり多めに摂取していることがあります。

食物繊維のうち、便のかさを増してくれる不溶性食物繊維のほうが、問題を起こす可能性があります。不溶性食物繊維をとりすぎると、便のかさが大きくなりすぎて、腸管につまってしまうのです。

また、もともと便が多くたまっていた人が、食物繊維をとりすぎると、さらに便が多くなって、お腹が張って苦しくなることがあります。

さらに食物繊維は腸内細菌に分解されてガスを発生する場合もあり、お腹が張って苦しくなる原因になることがあります。

患者さんの中には、不溶性食物繊維をとりすぎて、まるで毛玉のようになった便が直腸につまっていた方がいました。明らかに食物繊維のとりすぎでした。食事の仕方はPART3で述べますが、食物繊維のとりすぎも便秘を悪化させることがある、適量が大切、ということを知っておいていただきたいと思います。

水分が足りないと便が硬くなる

腸の内容物は、小腸を通って盲腸から大腸に入るあたりでは、ほぼ液体に近い状態です。大腸の中で水分と電解質が吸収され、だんだん便としてまとまった形状になっていきます。

十分に水分をとっていると、便としての形が保たれながら、同時にある程度の軟らかさが保持され、便が出やすくなるのです。

ところが十分に水分をとっていないと、便が硬くなり、腸内を便がスムーズに移動せず、便秘の症状が出てしまうのです。1日に1リットル以上は水分をとるようにしましょう。

便秘を起こしやすい状況

季節の変わり目や天候不順による便秘

ふだんの生活の中でも、便秘を引き起こしやすくなる状況があります。

例えば私たちの体は自律神経によってコントロールされて、正常な状態を保っています。自律神経には「交感神経」と「副交感神経」があり、両者がバランスをとって体調を整えます。

しかし、季節の変わり目や天候が不順なとき、自律神経の働きが乱れて、体調が崩れてしまうことがあります。

大腸の働きも、自律神経がコントロールしていますから、自律神経の働きが乱れたとき、大腸の働きも乱れます。そうしたときに、便秘の症状が引き起こされることはよくあるのです。

ある意味「外的要因」による便秘ですから、大きな心配は必要ありません。

何日も出なくてたまってしまったときには、刺激性下剤や浣腸を使って排便してください。いったんリセットして、季節の変わり目や天候不順を乗り越えましょう。

月経前に便秘になる女性も多い

女性の場合は、月経前に便秘になることが多いものです。

排卵後から月経にかけて、血液中の黄体ホルモンの濃度が高まります。この黄体ホルモンには、腸内で便を移動させる腸管運動を抑制する働きがあり、その影響で便秘が引き起こされるのです。

実際、月経前に便が出にくいと感じている女性はたくさんいらっしゃいます。それだけに、女性にとって避けて通ることができない問題だといえるでしょう。

対策として、どうしても便が多くたまってしまったときには、刺激性下剤か浣腸を使って排便するようにしましょう。ただし、週に2回までを限度と考えてください。

女性ならではの体質と、うまく付き合っていくことが大切です。

薬の副作用にも注意が必要

薬の副作用によって、便秘になってしまうこともあります。

もちろん、そもそもどんな薬にも副作用はあります。もしも継続して飲まなければいけない薬があったら、副作用をきちんと考慮したうえで、正しく服用しなければなりません。

便秘を引き起こすことがある薬には、次のようなものがあります。

①鎮痙薬《ちんけいやく》、②抗うつ薬、③向精神薬、④抗パーキンソン薬、⑤鉄剤（造血剤）、⑥胃薬（スクラルファート等）、⑦カルシウム剤、⑧オピオイド系鎮痛剤、⑨降圧薬（カルシウムブロッカー等）、⑩抗けいれん薬などです。

これらの薬を服用している方、あるいは今飲んでいる薬が便秘に関係あるかもしれないと思われる方は、主治医に相談してみてください。症状によっては、薬の種類や量を再考されるかもしれませんし、オピオイド系鎮痛剤には別の特効薬があります。

その他、糖尿病を患《わずら》っておられる方は、自律神経に障害が発生して、それが便秘につながる可能性もあります。

日本人のおしりの問題について

西洋人と日本人ではおしりの構造が違う

近年は、日本でも「洋式トイレ」が普及し、日本人の大半が利用しているものと思われます。ところが洋式トイレを使うことで、便が出にくくなっている人がいるのです。

なぜそのようなことが起こるのでしょうか。実は西洋人と日本人とでは、直腸から肛門にかけての角度が異なることが分かっています。

次ページの図をご覧ください。西洋人は、腰掛けた状態で直腸と肛門がほぼまっすぐになり、便が出やすい状態になっています。これに対して日本人は、直腸と肛門の角度が鋭角に曲がっている人が多いようです。この状況では肛門が広がらず、便が出

西洋人

腰掛けただけで直腸がまっすぐになり、ロックがゆるむ。

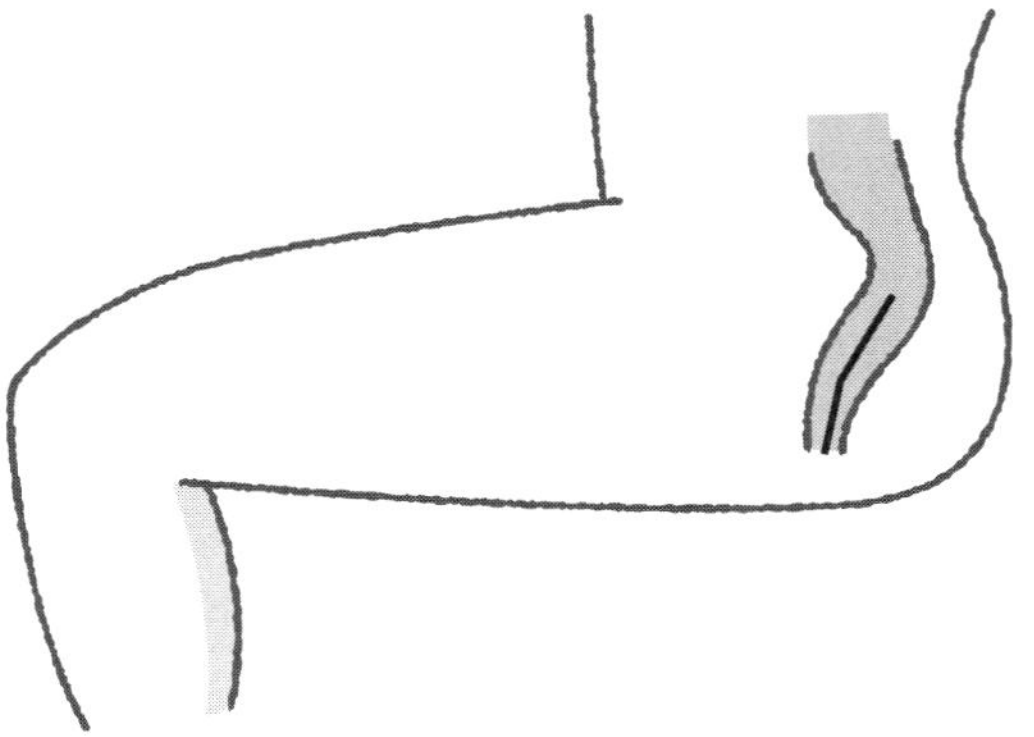

日本人

腰掛けただけではまだ直腸が曲がっていて、十分にロックがゆるまない。

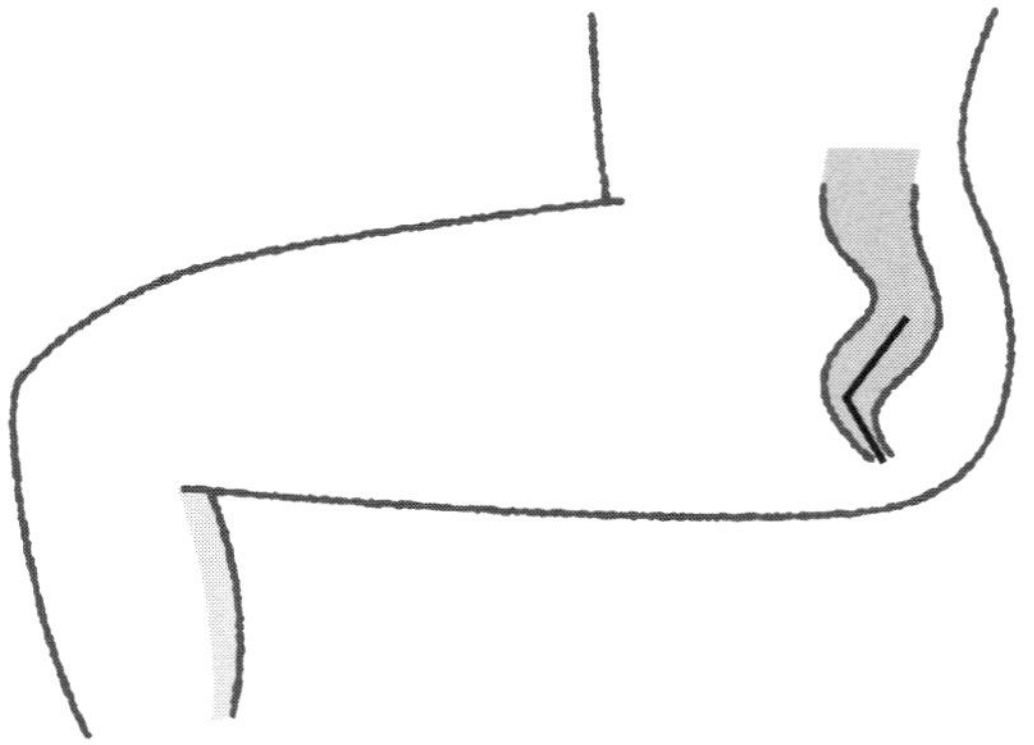

にくくなっているのです。トイレは和式から洋式に変わりましたが、おしりの構造までは変わっていないということです。

台を使えば直腸がまっすぐになり、便が出やすくなる

そもそも、なぜ直腸から肛門にかけて、便の通り道が折れ曲がっているのでしょうか。それは、直立した状態で便が出ないように、「ロック」しているためです。立った状態で直腸が折れ曲がっていることで、おしりにしっかりとフタをしているということです。

西洋人の場合、腰掛けただけで直腸がまっすぐになり、ロックがゆるんだ状態になります。ところが日本人の場合は、腰掛けただけではまだ直腸が曲がっていて、十分にロックがゆるみません。和式トイレでしゃがんだ状態になると、ロックがゆるんで出やすくなります。

しかし、これだけ洋式トイレが普及しているため、今さら家のトイレを和式に戻すというわけにもいきません。ひざなどに痛みがある高齢者は、しゃがんだり立ち上がったりするだけでもたいへんです。

そこでおすすめしたいのが、洋式トイレを使用しながら、和式トイレに近い角度まで体を曲げられるように、高さ20センチメートルくらいの台を足の下に置く方法です。

イラストのように、足を台に乗せれば、直腸から肛門にかけてほぼまっすぐな状態に持っていくことができます。当然、便が楽に出やすくなるはずです。

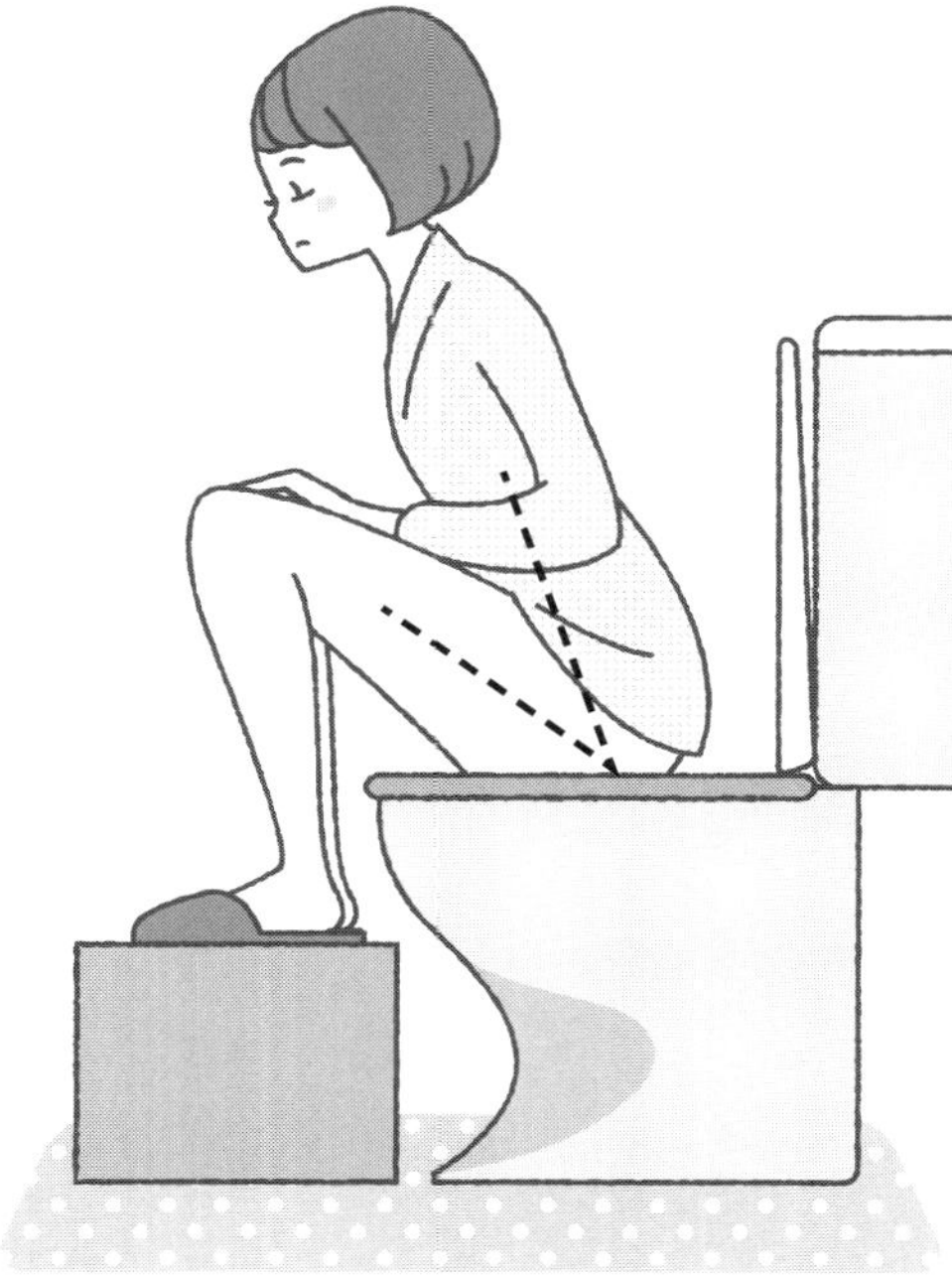

便秘は対処を誤ると怖い

下剤の過度な服用のリスク

便秘のような症状でありながら、いわゆる便秘ではなく、もっと深刻な病気にかかっている場合があります。例えば「大腸がん」になると、腸管が狭くなり、便が通りにくくなります。その結果、細い便が出るようになったり、便が残っている感じがしたり腹痛が起こったりして、「便秘ではないか?」と考えるようになるのです。

当然のことながら、年齢が高くなるほどがんのリスクは高まっていきます。特に40代以上の方はがん検診を受けるべきですし、血便や体重減少、発熱があるときはすぐ医療機関を受診しましょう。

便秘だと思い、油断して、長期間何もせずに放っておくと、がんが進行して手遅れになることがあります。

大腸がんは加齢で発症する病気で、大腸がんにかかっている人の比率は、50代以上で急激に高まります。近年大腸がんの患者数が増えているのは、高齢化によって高齢者の人口が増えているためといわれています。大腸がんにかかる確率そのものは、この20年くらいは横ばいです。がん治療の進歩により、高齢化を考慮した大腸がんによる死亡率は減少傾向にあります。早期発見・早期治療で完治も期待できますので、ぜひ大腸の検診を受けてください。

ちなみに、便秘と大腸がんとの間に相関関係はないと考えられつつあります。いわゆる「便秘の人は大腸がんになりやすい」という俗説は否定されているのです。アメリカ消化器病学会は、便秘集団のほうが、一般的な大腸がん検診集団よりもがんのリスクが少ないとまで提言しています。

ただし、日本では、下剤を週に2回以上服用している人は、大腸がんのリスクが3倍に上昇するという報告があります。便秘の正しい対処が重要ということです。

善玉菌は便秘を完治させることができるのか

善玉菌は万能にあらず。ぜひマッサージに挑戦を

いわゆる「善玉菌《ぜんだまきん》」の代表格は、ビフィズス菌と乳酸菌です。

「腸内環境を整える」といったうたい文句で、ヨーグルトなどさまざまな食品やサプリメントが販売され、多くの方々に利用されています。

実際、善玉菌を適度に摂取することによって、
①便の形状を整える
②腸管運動を改善する
といった効果が期待できます。もちろん科学的にも有用性が証明されています。しかし、善玉菌さえとれば便秘が治るかといえば、必ずしもそうではありません。

これまで紹介してきたように、便秘にはさまざまな原因があり、タイプがあります。そのため、ただ単にヨーグルトを食べて善玉菌を摂取するだけで、何もかも解決するというわけにはいかないのです。

例えば便意を我慢して直腸が鈍くなることによって発症する「直腸性便秘」や、精神的ストレスが原因で腸がけいれんして発症する「けいれん性便秘」は、便秘の原因そのものが腸内細菌とは無関係なので、善玉菌の効果は期待できません。

ねじれ腸や落下腸による便秘に関しては、便の形状が整いつつ腸管運動が改善することによって、ある程度の効果を見込むことはできます。しかしながら、ねじれ腸そのもの、落下腸そのものを治すことはできません。

便秘を患っていて、これまでいろいろな善玉菌を摂取しても改善しなかった方、あるいは十分な効果を実感できなかった方は、腸内細菌が原因ではない可能性があります。善玉菌に一定の効果はありますが、万能ではないのです。

日本人に非常に多いと考えられる「ねじれ腸」「落下腸」による便秘の改善には、ＰＡＲＴ２でご紹介する「腸ほどきマッサージ」が非常に効果的です。

ぜひお試しいただきたいと思います。

✦ PART2 ✦

「腸ほどきマッサージ」でねじれ腸便秘を解消！

マッサージで「ねじれ腸」をほどこう

日々の運動に匹敵する便秘改善効果

ＰＡＲＴ１では、便秘とはどういう状態なのか、便秘にはどういうタイプがあるのか、便秘を引き起こす原因などについてお話ししました。ＰＡＲＴ２では、便秘を改善するオリジナルのマッサージ方法について述べてまいります。

便秘の改善方法といえば、ふだんから食物繊維や水分をとるよう気をつけたり、下剤を服用したり、あるいは浣腸をするといった方法が一般的でした。しかし、ＰＡＲＴ１でも申しましたように、下剤を連用すると弊害が生じますし、食物繊維もあまりとりすぎるとマイナスに働いてしまいます。

ねじれ腸による便秘に関していえば、「運動」をすることが非常に効果的です。

揺らすと腸のねじれがゆるんでいく

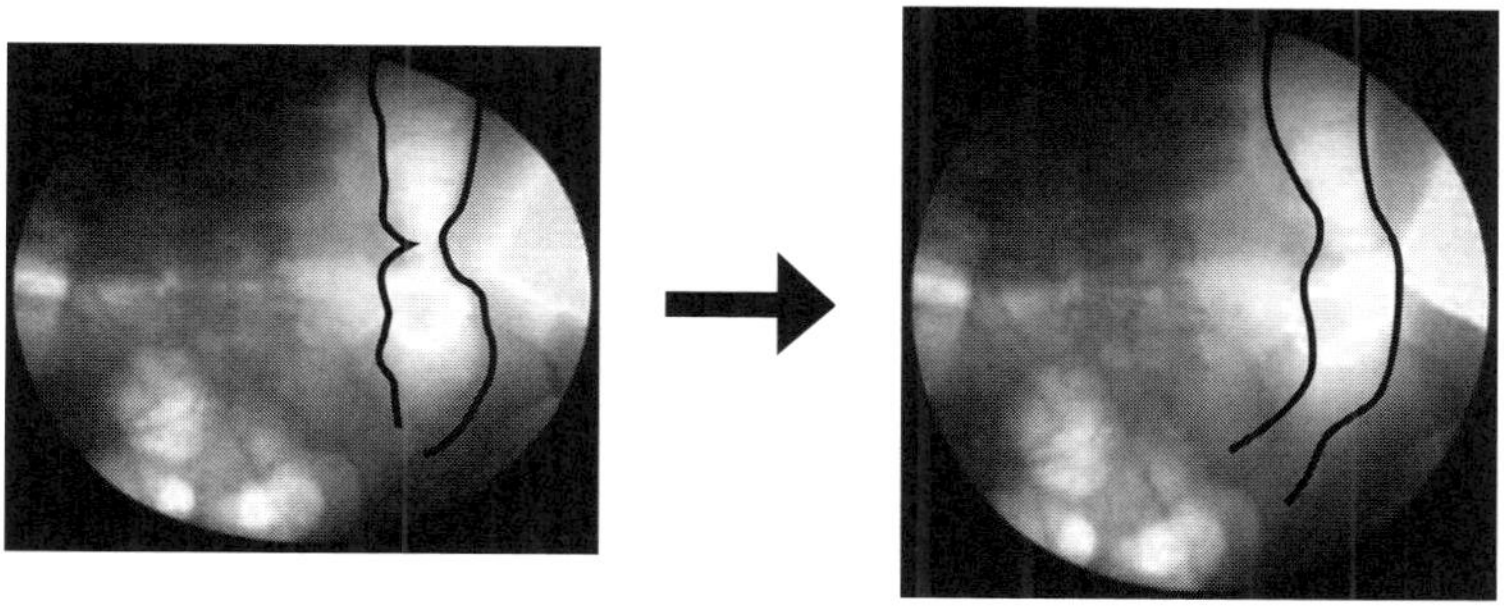

例えばスポーツ選手は、日常的によく運動をしているため、便秘の方はほとんどいらっしゃいません。ところが引退するなどして運動を止めると、とたんに便秘になる人がいます。その人がのちにスポーツを再開すると、便秘が治ることがよくあります。つまり、運動は便秘解消に非常に効果が高いということです。

しかしスポーツをやっていない人、あるいはスポーツが苦手な人がいきなり運動をするのは困難です。そこで私は、特に「ねじれ腸」による便秘に、スポーツと同等の効果がある「腸ほどきマッサージ」を考案しました。

マッサージで便秘が改善するとは、にわかに信じられないかもしれません。しかし写真をご覧ください。マッサージする前にねじれていた腸が、マッサージのあとで一時的に改善されているのがお分かりいただけるでしょう。とても簡単なので、ぜひ取り組んでみてください。

治療現場から発想した腸ほどきマッサージ

お腹を押さえると、内視鏡がどんどん奥へ入っていった

マッサージで便秘を改善できるのではないか、と考え始めたのは、便秘治療で訪れる患者さんの検査をしたり、いろいろな話を聞いたりしたことがきっかけでした。

PART1でもお話ししましたが、大腸内視鏡検査をする際、ねじれ腸の患者さんは、ねじれた部分が狭くなっているので、内視鏡がなかなか奥まで入っていきません。ねじれ腸でない患者さんに比べると、検査にかなり時間がかかってしまいます。

そこで私は、患者さん自身にお腹を圧迫してもらうようにしました。手でお腹を押さえると、大腸が正常な位置に近づき、通り道も広くなるだろうと考えたからです。

案の定、大腸の内部が広がり、内視鏡が奥までスムーズに入るようになりました。

「お腹を圧迫することで、ねじれて狭くなっていた大腸の内部が広くなった。広くなるということは、物理的に便が通りやすくなるということではないか」

そうひらめいた私は、マッサージで便を通りやすくする方法を考え始めました。

引退したスポーツ選手は便秘になりやすい

便秘で治療に来られる患者さんの中には、元スポーツ選手の方が何人もいらっしゃいました。お話をうかがっていると、引退してスポーツをあまりしなくなってから便秘に悩まされるようになったと、みなさん異口同音におっしゃいました。

種目を尋ねると、テニス、ゴルフ、ダンスなど、「上半身をひねる動作をするスポーツ」が多いことに気づきました。つまり、毎日練習や試合で「上半身をひねっていた間は便秘ではなかった」のに、上半身をひねる動作をあまりしなくなってから便秘の症状が現れた、と考えられるのです。

ということは、上半身をひねる動きをマッサージに取り入れれば、便秘の改善に効果があるのではないだろうか——。治療現場で得たこれらのヒントから、ねじれ腸をゆるめてほどいていくマッサージの構想を練っていったわけです。

腸のどこをマッサージするのか

便がつまりやすい「ねじれポイント」をほぐす

行うマッサージは次の４つです。

①大腸押し上げマッサージ［大腸全体］
②上体ひねりマッサージ［横行結腸と下行結腸のつなぎ目］
③左腹部トントンマッサージ［下行結腸］
④下腹部トントンマッサージ［S状結腸］

上行結腸や、上行結腸と横行結腸とのつなぎ目あたりも、ねじれている可能性がないわけではありません。しかし、盲腸から内容物が上がってきた段階では、まだまだ水分を多く含んだ状態ですから、つまることはほとんどありません。

マッサージするポイント

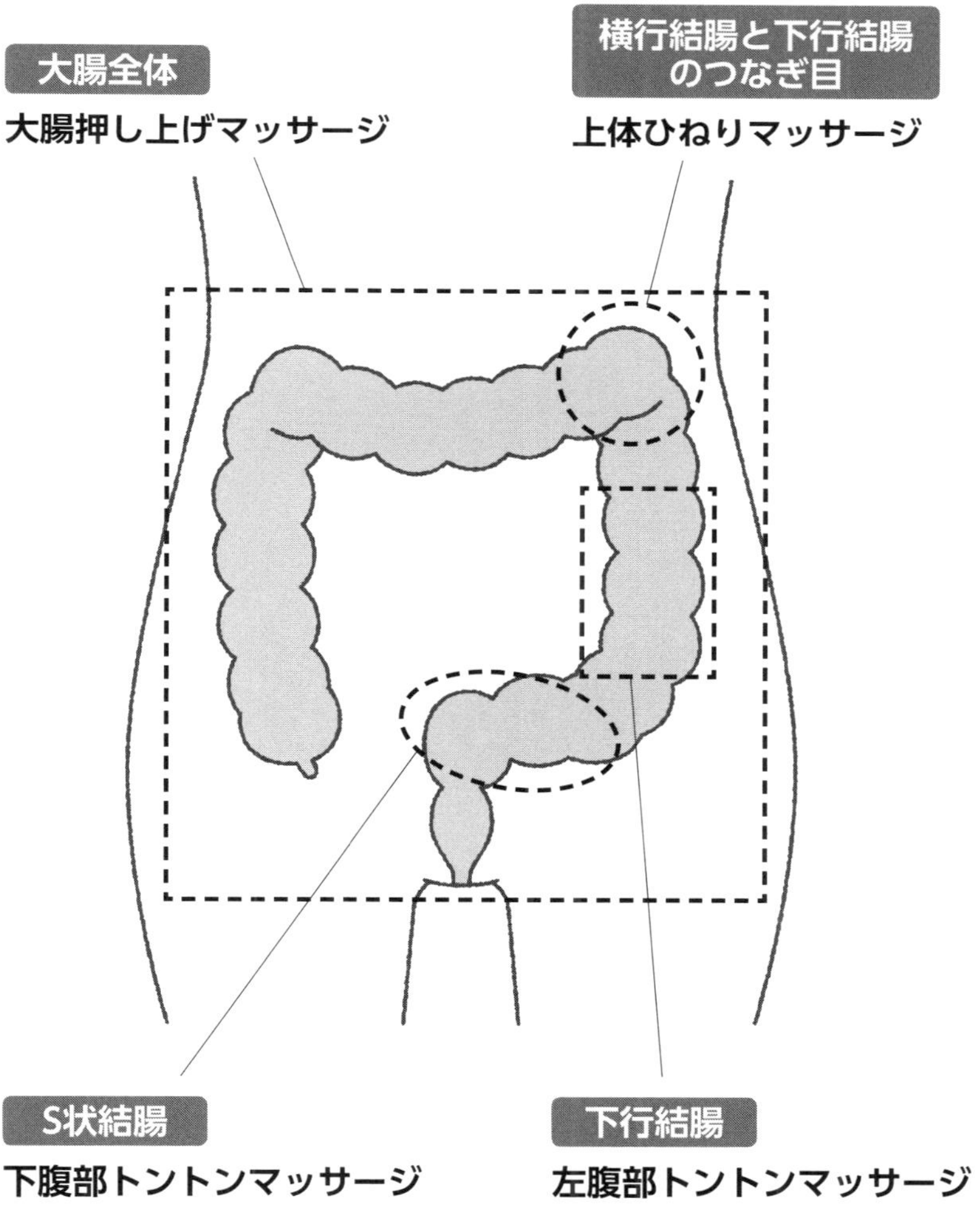

つまる可能性が高いのは、水分が吸収され、ある程度便の形になってきた大腸の後半部分です。ここを中心にマッサージをすれば、便の通りは著しく改善するでしょう。

マッサージのやり方を簡単にまとめると次のようになります。

まず、①の大腸全体を押し上げて便を通りやすくするマッサージを行います。

②の横行結腸と下行結腸のつなぎ目は、肋骨の内側にあるため、外からマッサージできません。そのため上半身をひねる動きを利用します。

③の下行結腸と④のS状結腸は、寝転んでリラックスした状態で、お腹を軽くトントンと押します。

いずれも簡単なマッサージですので、誰でも簡単に行うことができるでしょう。

マッサージに最適な時間と回数は

朝食後の排便に向けて大腸を整える

腸ほどきマッサージをするのに最適な時間は、朝起きた直後と、就寝する前です。先に述べたように、排便に最適な時間は、その日の最初の食事（朝食）のあとです。それに向けて便が出やすくなるように、マッサージで大腸のコンディションをつくることが大切といえます。

寝る前に大腸を整えておいて、起床後、さらに大腸を整えてから朝食をとることで、胃結腸反射で大腸が動き出し、便がひっかかることなくスムーズな排便が促されます。また入浴中、湯船につかりながら行うのもおすすめです。水中では重力の影響を受けず、腹筋の力が抜けているため、大腸を揺らしやすくなっています。

私の外来では、患者さんそれぞれの腸の形に合ったマッサージを指導していますが、起床後に「大腸押し上げマッサージ」を1分していただくことが特に多くの方に有効です。やってみて効果が薄ければ、他のマッサージも追加してご自身の腸に合ったマッサージを見つけましょう。

立って行うマッサージと寝転んで行うマッサージがありますので、就寝前は、立って行うマッサージをしてから寝床に入り、寝転んで行うマッサージをすればいいでしょう。起床後は、寝転んで行うマッサージをしたあと、立ち上がって行うマッサージをするのも、効率よく行うことができておすすめです。

それぞれ起床後と就寝前に1セットずつ、1日に計2セットやっていただけるとなおよいでしょう。

腸ほどきマッサージの注意点

体の状態を考慮し、便秘が改善したあとも続ける

腸ほどきマッサージをするうえでの注意点をいくつか述べておきたいと思います。

①体調、体の状態を考慮して行う

例えば腹部に大動脈瘤《だいどうみゃくりゅう》や腹部腫瘍《ふくぶしゅりゅう》といった疾患のある方、妊娠中の方、腰を悪くしている方は、ひとまず本書のマッサージを行わないでください。そしてかかりつけの病院で、このようなマッサージをしてもいいかどうかを尋ねてください。

特に問題ないと判断されたら、無理のない範囲で行ってください。

②便秘が改善してもしばらく続ける

腸ほどきマッサージをして、排便があり、便秘が改善されたあとも、すぐに止めないでしばらく続けてください。一度や二度、排便があったからといって、マッサージをすぐに止めると、また元に戻って、再び便秘になる可能性があります。長期間続けて、定期的に便が出るようになると、伸びていた大腸が短くなることもあり、便がひっかかりにくくなります。

便秘が改善してもすぐに止めるのではなく、夜を止めて朝だけにする、マッサージの種類を減らすなど、腸のコンディションを整えていきましょう。

③効果が出ないときは他の原因を検討する

腸ほどきマッサージを続けても、ほとんど効果が出ない方もいらっしゃいます。そのような方は、ねじれ腸や落下腸ではなく、便秘の原因が他にある可能性があります。

3～5日くらい続けても効果がないようであれば、PART1を参考にして、病院に行き医師に相談していただきたいと思います。

④食後、飲酒後には行わない

食事のすぐあとやお酒を飲んだあとは、胃や内臓が活発に動いています。そのような状態でマッサージを行うと、気分が悪くなってしまう可能性があります。食後や飲酒後には、マッサージを行うのは避けましょう。

⑤やさしいタッチでマッサージする

腸をほぐすマッサージといっても、体内にある腸を直接さわれるわけではありません。お腹の表面から、皮膚、皮下脂肪、腹筋、内臓脂肪があり、その奥に臓器が収まっています。つまり大腸の正確な位置は分からないわけですが、おおよその見当で、大腸付近に振動を与えられるようなマッサージ法を設定しています。

マッサージはやさしいタッチで行ってください。強い力でグリグリとお腹を押さえつける必要はありません。力加減としては、指先がお腹にほんの少し食い込む程度で十分に腸を揺らすことができます。

お腹の表面を指先で「トン、トン、トン」と軽く押し、お腹全体が「ユサ、ユサ、ユサ」と揺れるイメージで行ってください。
また、お腹の中で脈打っているのは動脈なのでマッサージしないでください。

お腹の表面を指先で
「トン、トン、トン」と軽く押す

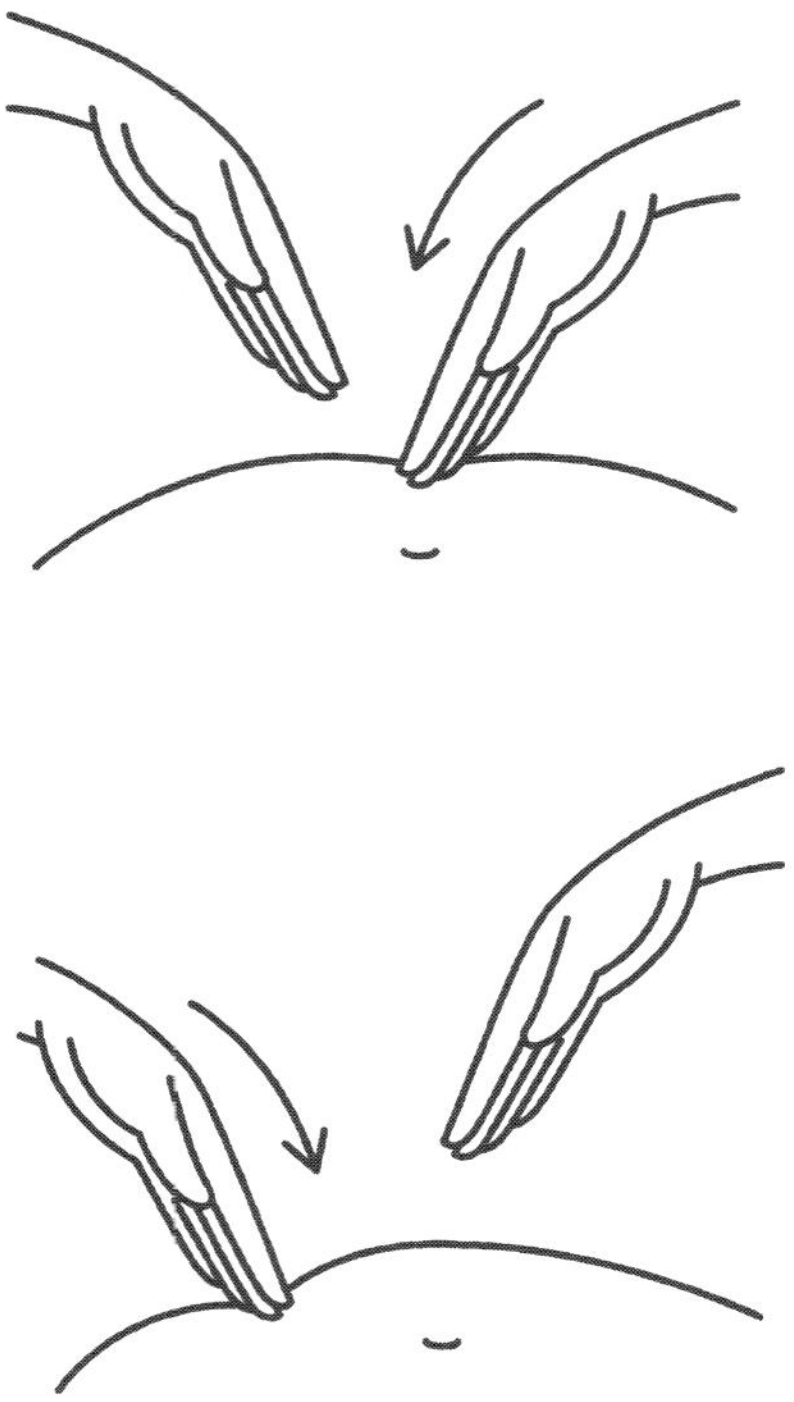

患者さんの喜びの声

腸ほどきマッサージで健康な大腸を取り戻した方々

マッサージを始める前に、私の病院に治療に訪れた患者さんの感想を少しご紹介いたします。患者さんによっては整腸剤等も処方し、さらに効果を高めています。

67歳女性

20代の頃から便秘が続いていました。10年くらい前から、便秘薬を飲んだあと、便意があるのに出なくて、自宅で浣腸をしても出ないので、病院に行って浣腸をしてもらったり、家で長時間苦しんだりしてやっと便が出ることが時々ありました。

久里浜医療センターで診ていただいたとき、腸がねじれて拡張していることが分か

（独立行政法人国立病院機構久里浜医療センターホームページ内「患者様の治療体験記」改編）

りました。便を軟らかくする薬を処方してもらって飲みながら、毎日朝晩、腸ほどきマッサージをやり、朝食後にトイレに行くようにしたら、数日後からはほとんど毎日便通があり、嘘のように便秘が治りました。

18歳女性

4歳のときからお通じで苦しんでいました。便意はあるのになかなか出ないので、浣腸をしたり、排便に時間がかかるので朝の5時から朝食をとったりしていました。母は、腸のためにいいとされることはどんどん取り入れてくれたので、そのおかげで、幼稚園時代に1～2時間くらいかかっていた排便が、小学生のときは15～30分くらいで出るようになりました。

18歳になってテレビで久里浜医療センターを知り、診察してもらったところ、下行結腸が身体の中心近くに寄っていて、S状結腸が通常とは逆方向にねじれていたことが判明しました。そこで私の腸の形に合わせたマッサージを行い、少量のマグネシウム製剤を併用したところ、便秘薬を使わなくても毎日お通じが来るようになったのです。長年の便秘が改善し、気持ちまで明るくなりました。

大腸全体

大腸押し上げマッサージ

「ねじれ腸」の方や、立ち上がると腸が骨盤の中に落ち込んでグニャグニャに折れ曲がる「落下腸」の方にも適しています。

大腸全体を押し上げて揺らし、便を通りやすくします。このマッサージ一つでも、多くの方に効果があります。

効く場所はここ！ **大腸全体**

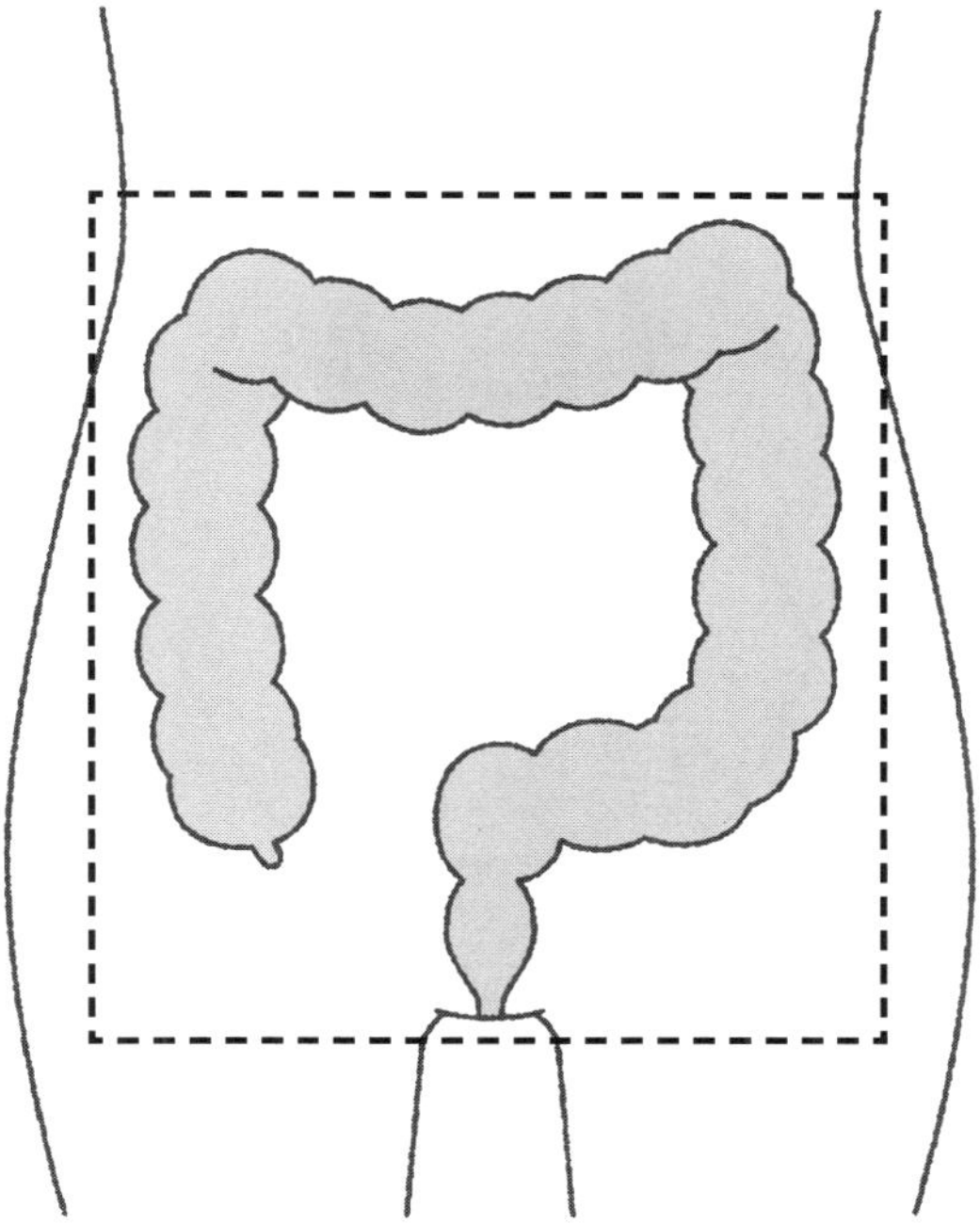

1 あおむけに寝転んでリラックスする

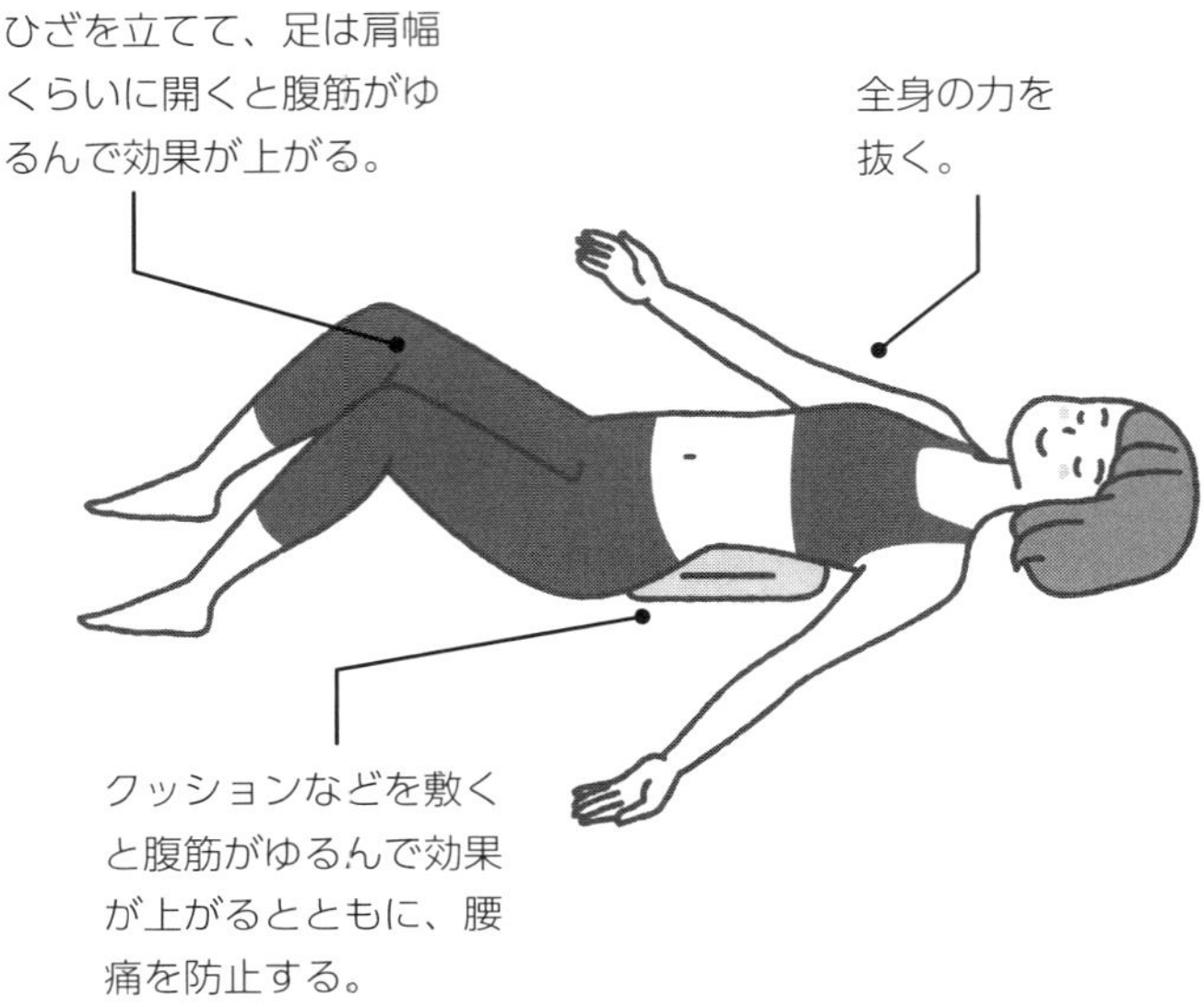
ひざを立てて、足は肩幅くらいに開くと腹筋がゆるんで効果が上がる。
全身の力を抜く。
クッションなどを敷くと腹筋がゆるんで効果が上がるとともに、腰痛を防止する。

2 恥骨のすぐ上に両手の指先を当てる

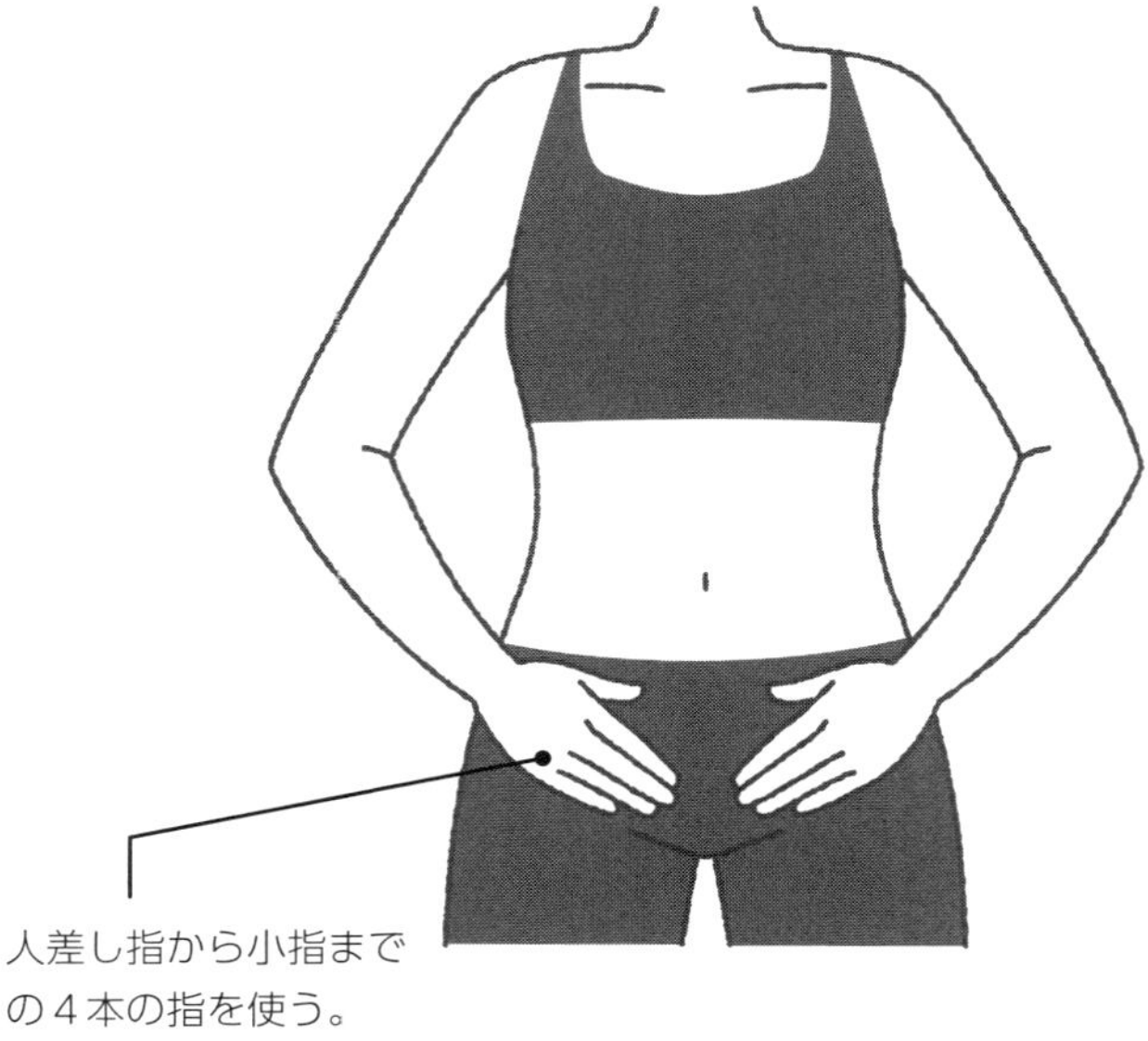
人差し指から小指までの４本の指を使う。

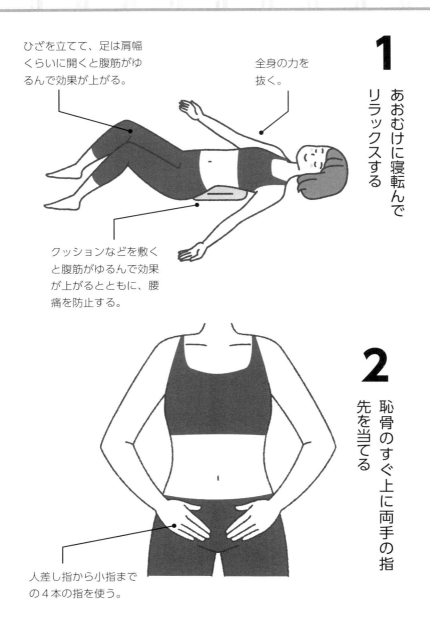

3

落下した大腸を押し上げるように、ユサユサと揺らしながらおへそ付近までさすり上げる

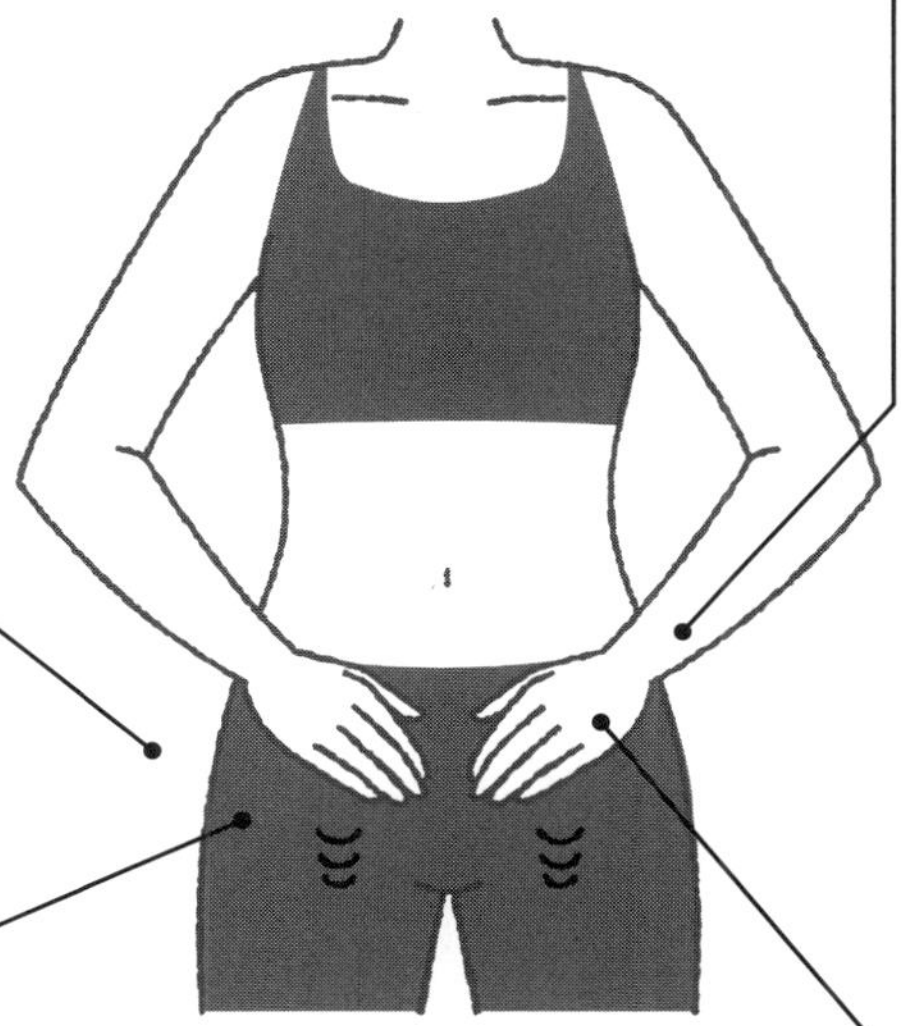
中央を押し上げて揺らしたあと、おへその右側、左側も同様に揺らす。
お腹が少しへこむくらいの力をかける。
大腸を押し上げるように揺らす。
恥骨のきわからおへそ付近まで手を動かす。

1分間 繰り返す

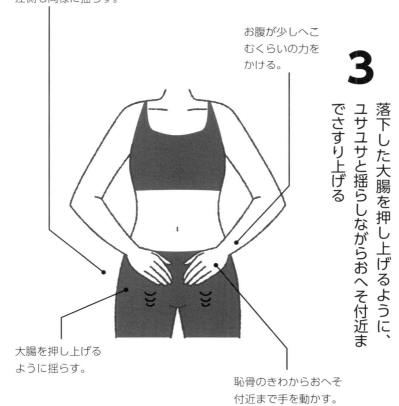

Point

中央を押し上げて揺らしたあと、おへその右側、おへその左側も同様に押し上げて揺らします。

中央、右側、左側という具合に繰り返し、落下した横行結腸全体を元の位置に戻すイメージで揺らします。

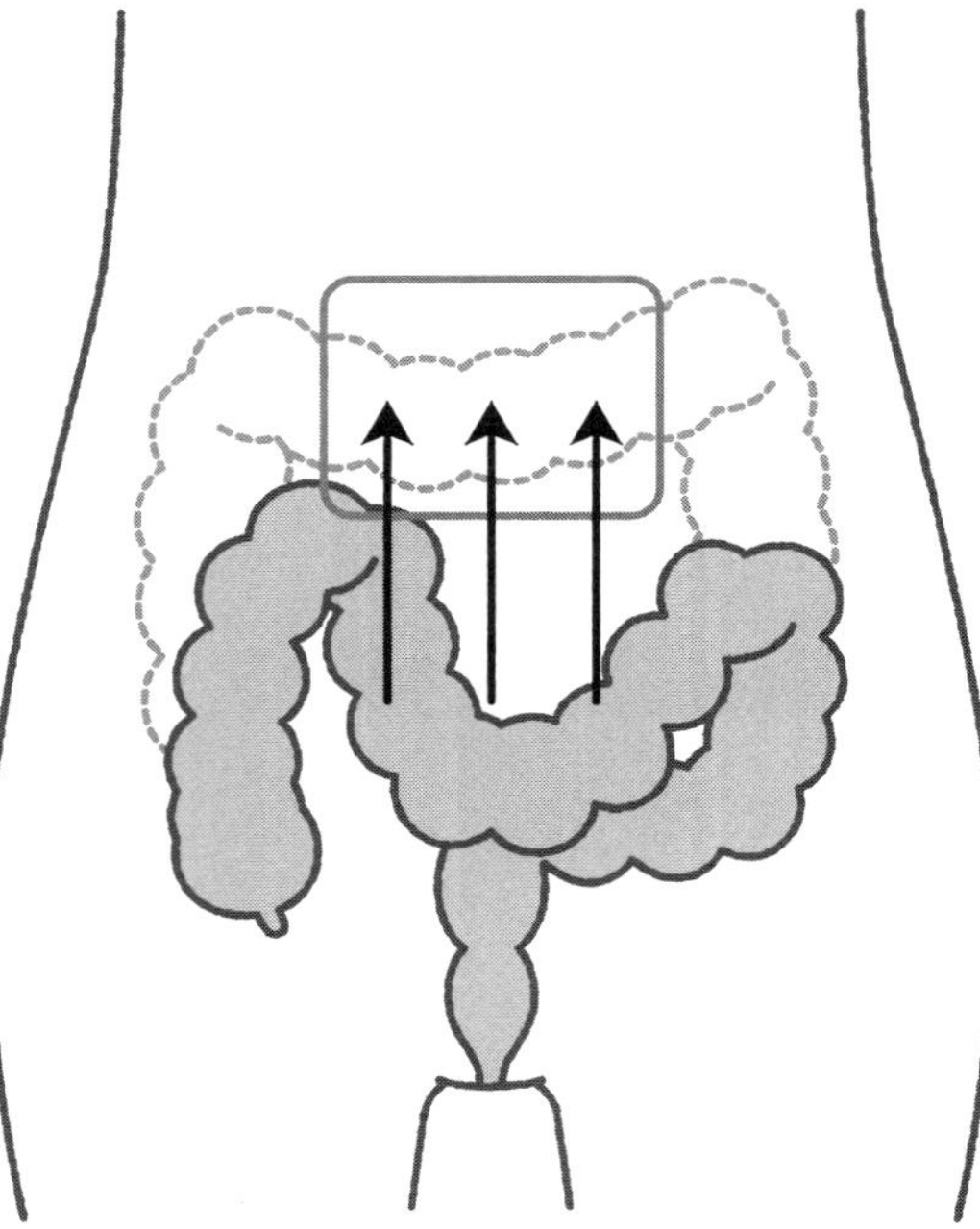

腸ほどき 1 上体ひねりマッサージ

横行結腸と下行結腸のつなぎ目は、肋骨の内側にあるため、外からマッサージできません。そのため上半身をひねる動きを利用して腸を揺らしましょう。

効く場所はここ！ 横行結腸と下行結腸のつなぎ目

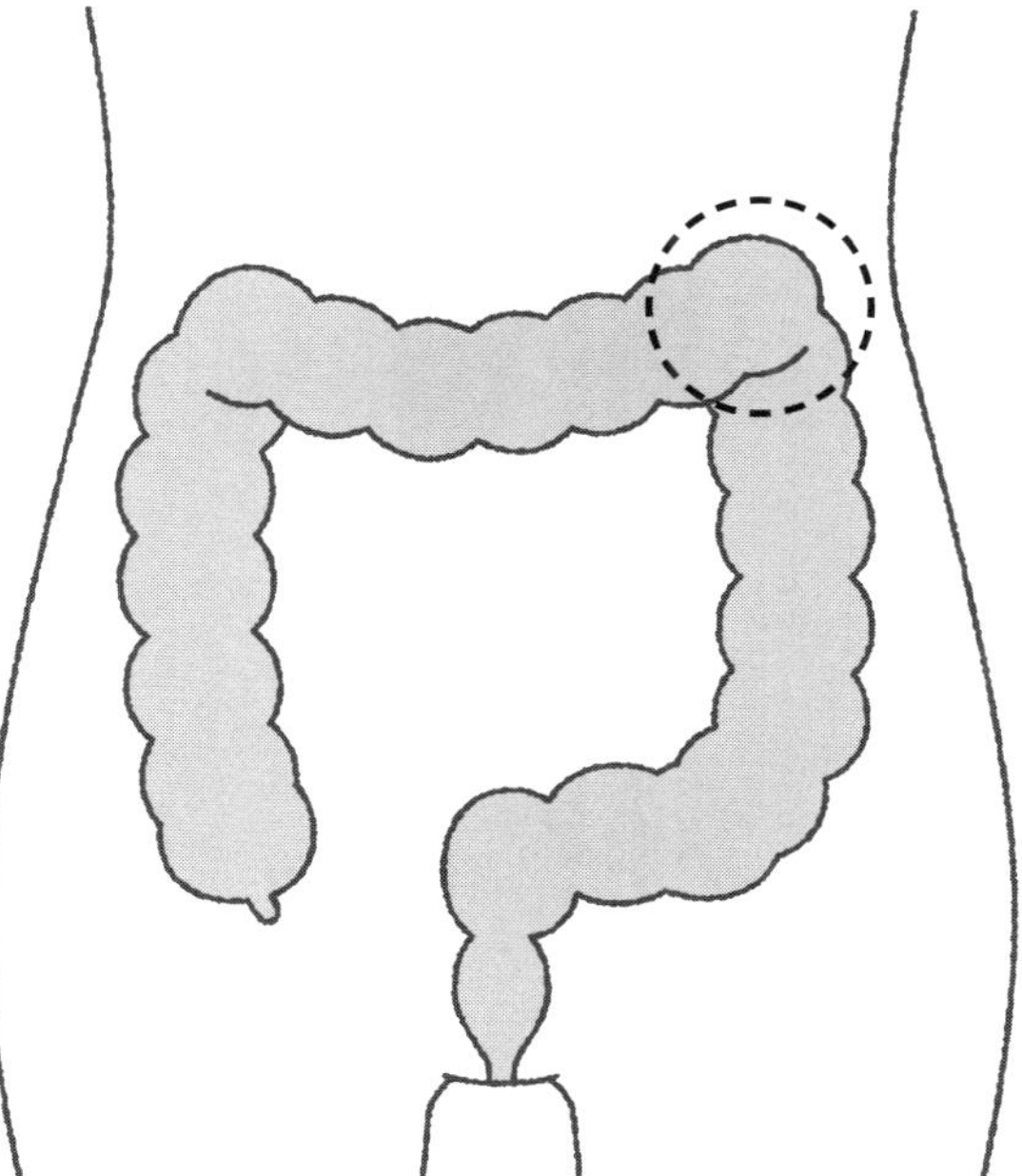

1

両足を肩幅よりも少し広めに開いて立ち、両手を左右に伸ばす

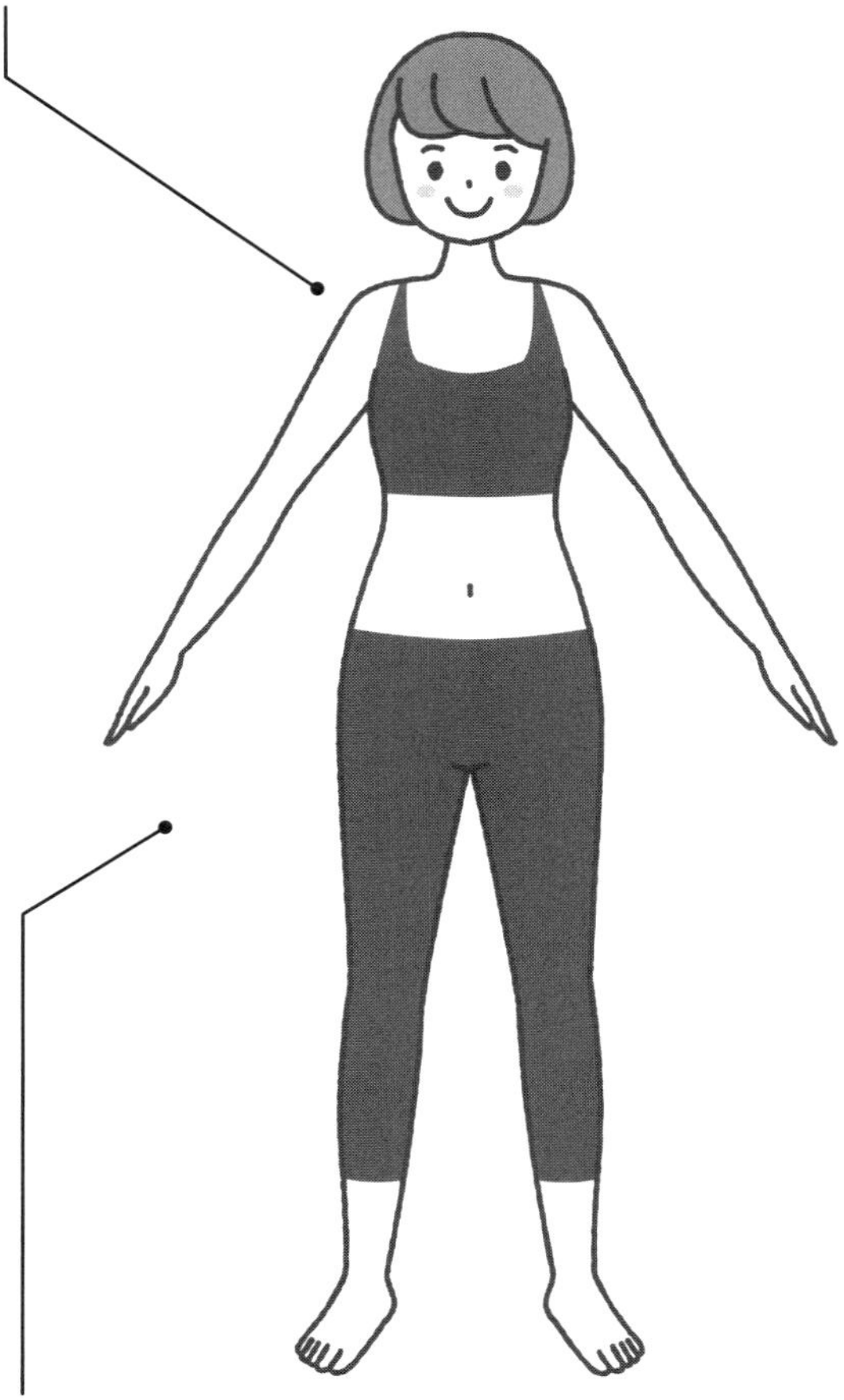
背筋を伸ばす
両手を回しても人や物に当たらないように周りを確認する。

2

両手を伸ばしたまま、上体を左右に大きくひねる

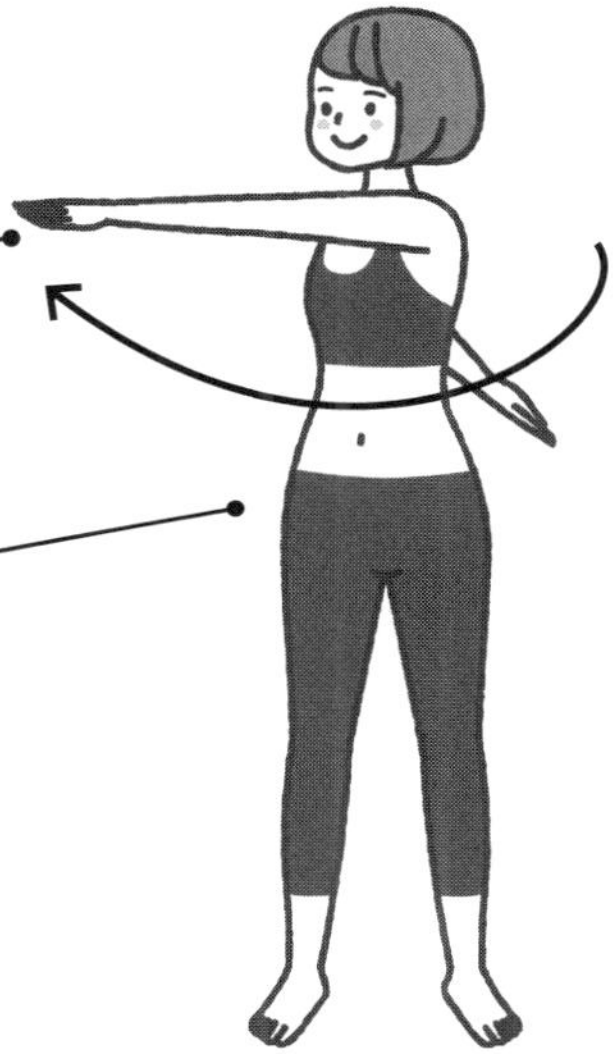

腕に力を入れず、リラックスしてブランブラン回す。

腰から下はなるべく動かさず、ウエストがギュッと締まるようにひねる。

3

左右に大きくひねる動作を約1分間（30回程度）続ける

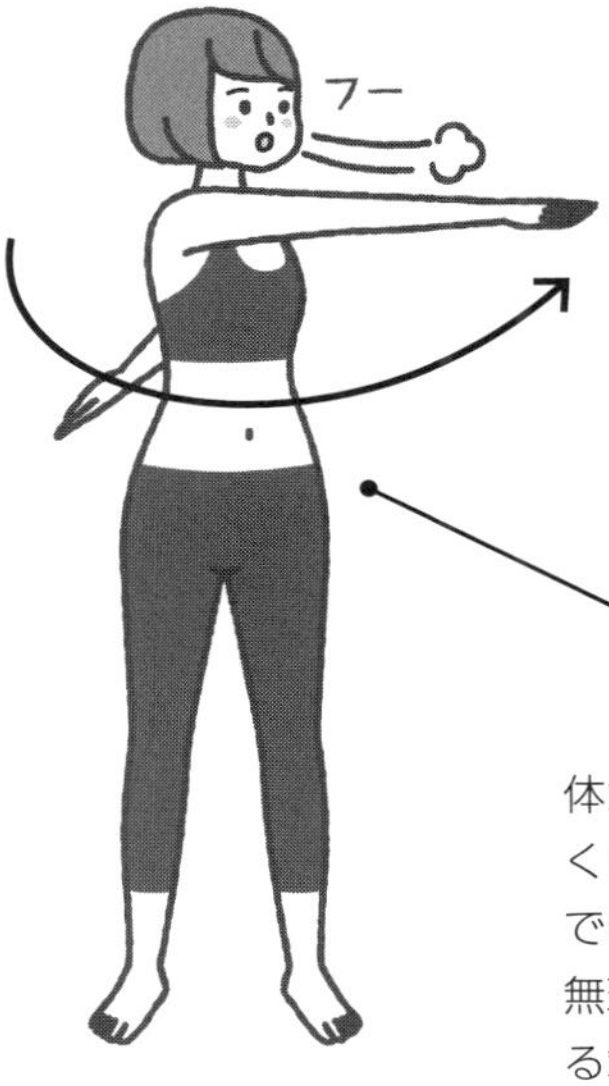

ひねるときに息をはき、戻すときに息を吸うと効果が上がる。

体が硬くて大きくひねることができない人は、無理をせずできる範囲で。

1分間 繰り返す

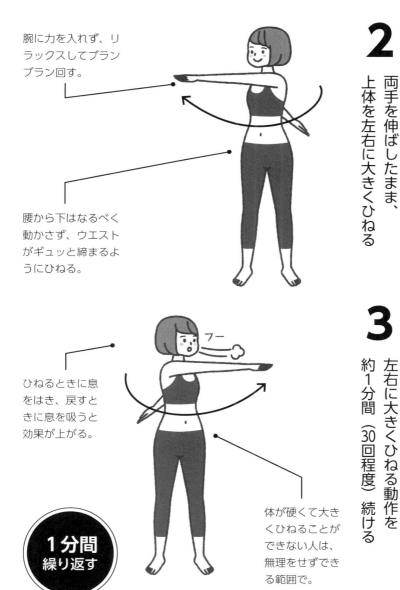

Point

横行結腸と下行結腸のつなぎ目は肋骨で囲まれ、さらに背中側にあるため、体の表面から刺激を加えることができません。

しかしウエスト部分をひねることで、腸全体が揺れてつなぎ目が刺激され、ねじれの改善につながります。

下半身はできるだけ正面を向けておくことを意識しましょう。

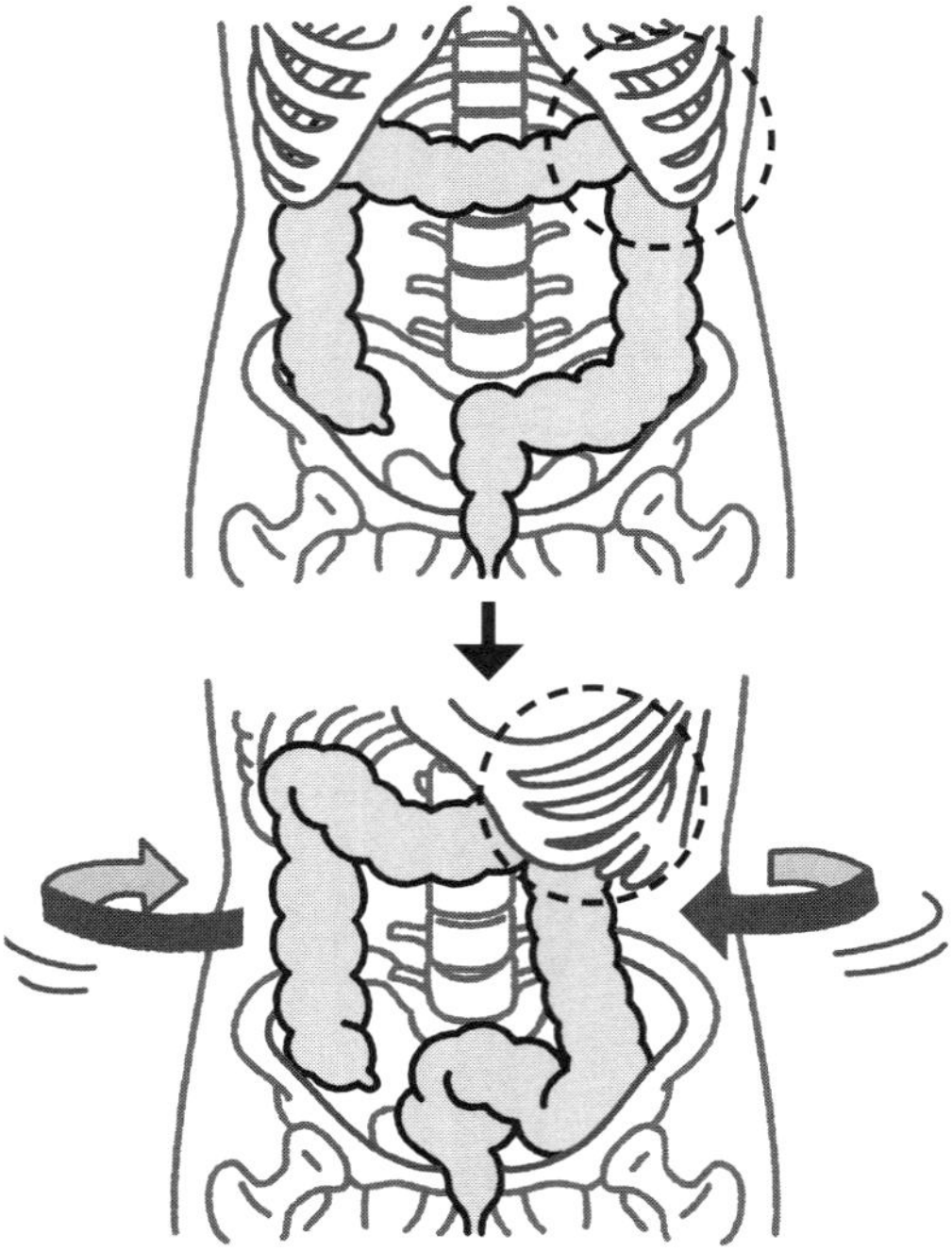

腸ほどき 2 左腹部トントンマッサージ

リラックスして、体の力を抜いて行いましょう。お腹に力が入っていると、マッサージの刺激がうまく届かないことがあります。

効く場所はここ！ **下行結腸**

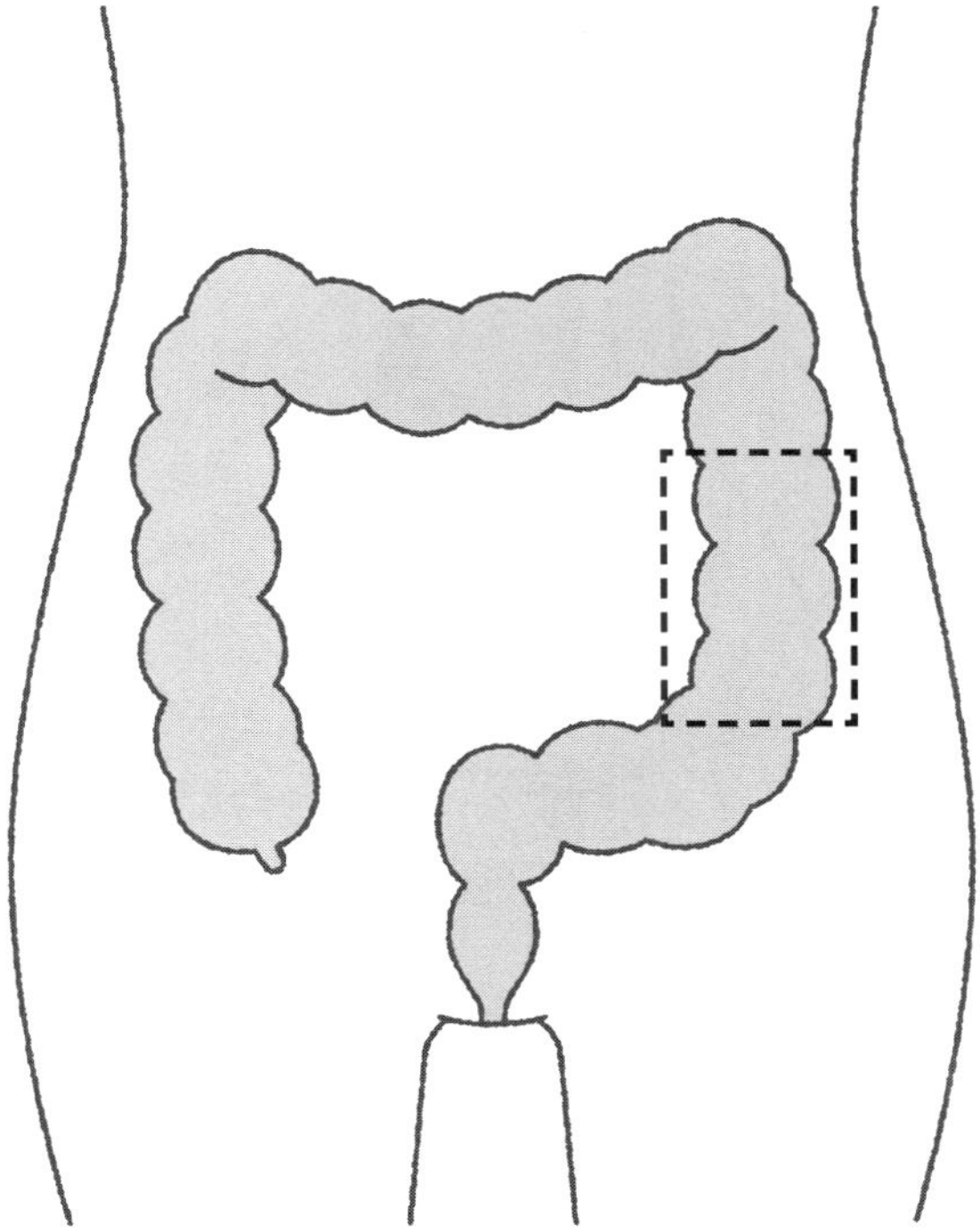

1 あおむけに寝転んでリラックスする

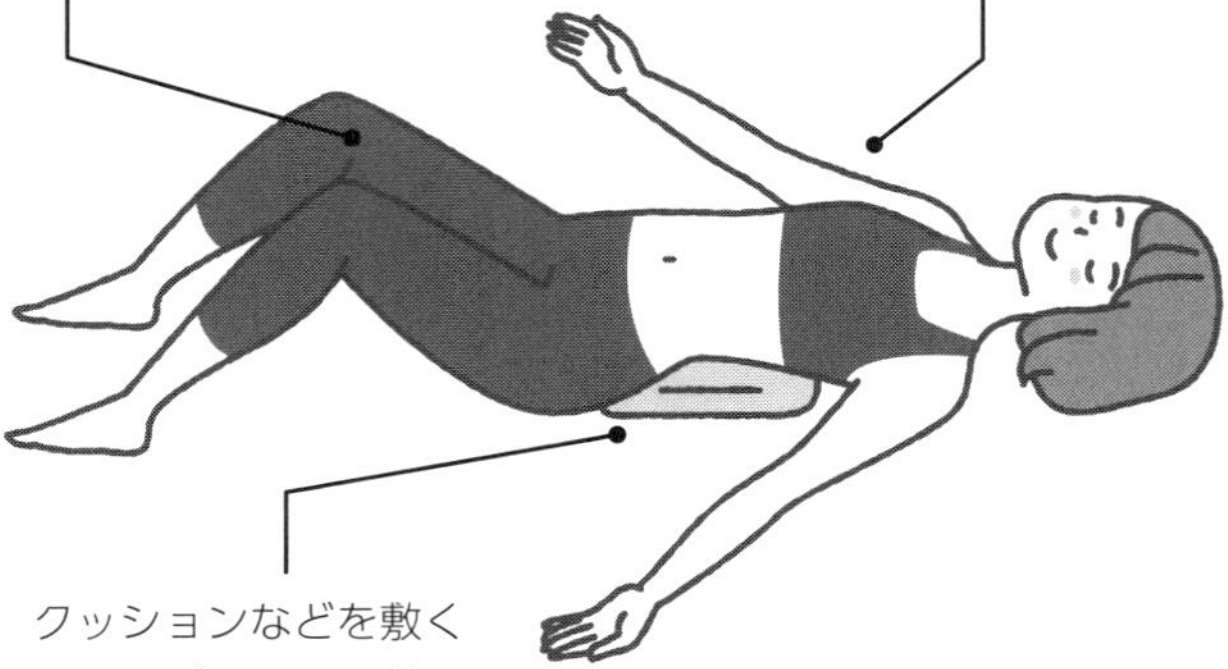
ひざを立てて、足は肩幅くらいに開くと腹筋がゆるんで効果が上がる。
全身の力を抜く。
クッションなどを敷くと腹筋がゆるんで効果が上がるとともに、腰痛を防止する。

2 下行結腸をはさむイメージで、左腹部に両手の指先を当てる

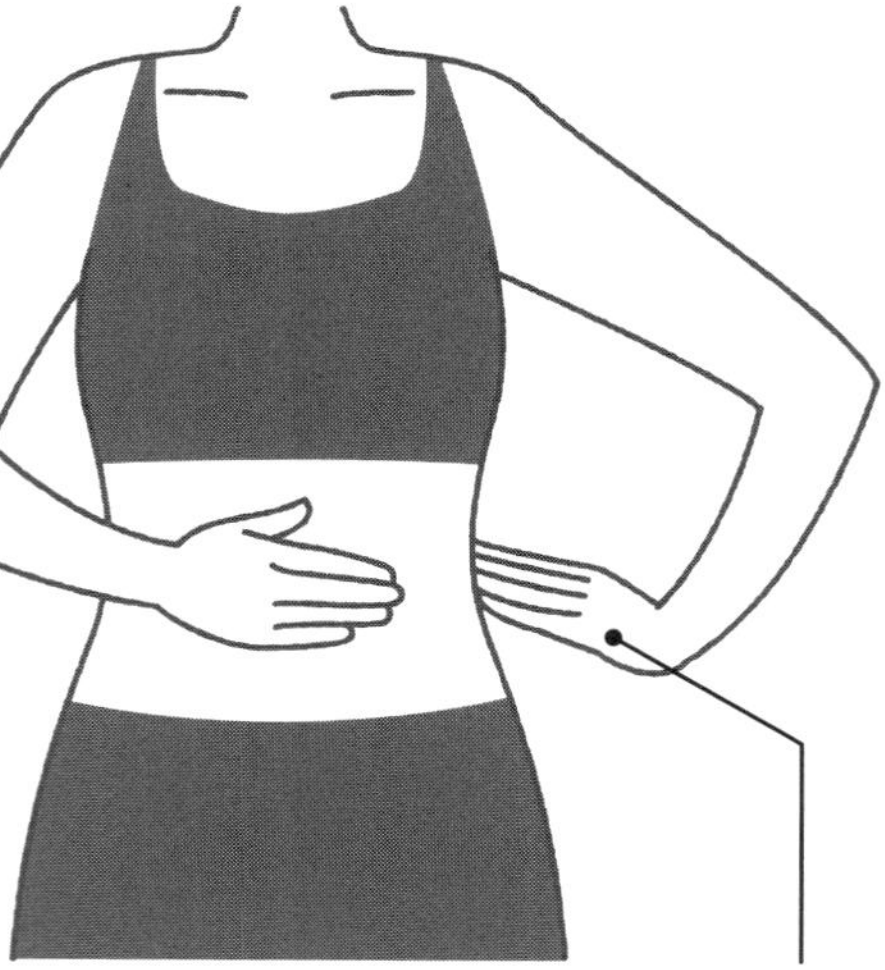
右手はおへその少し左あたり、左手はわき腹あたりに当てる。
人差し指から小指までの４本の指を使う。

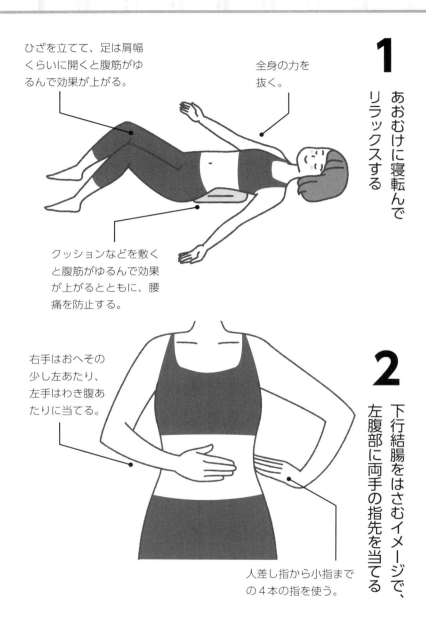

3

大腸をユサユサと揺らすように、左右交互にトントンと押す

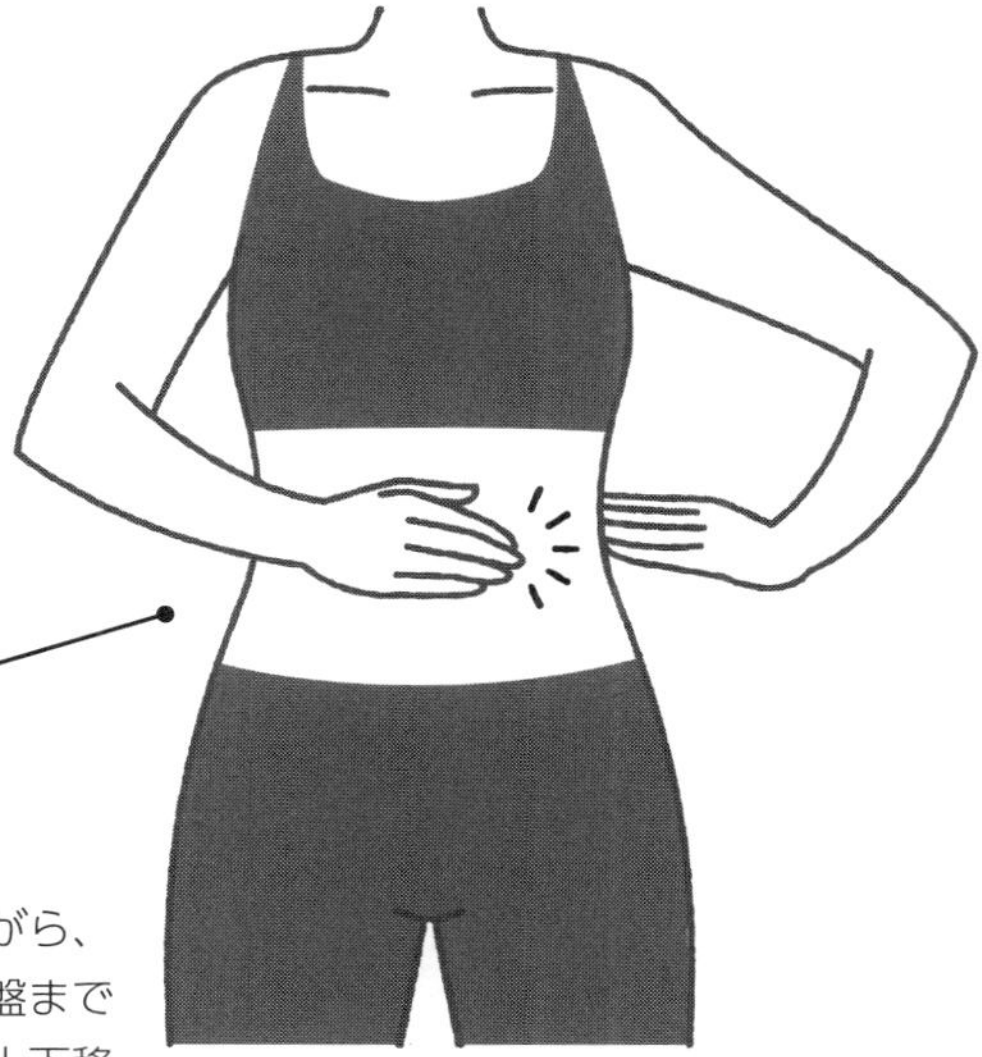

小刻みに押しながら、肋骨の下から骨盤までの間をゆっくり上下移動する。

お腹を押す強さのめやす

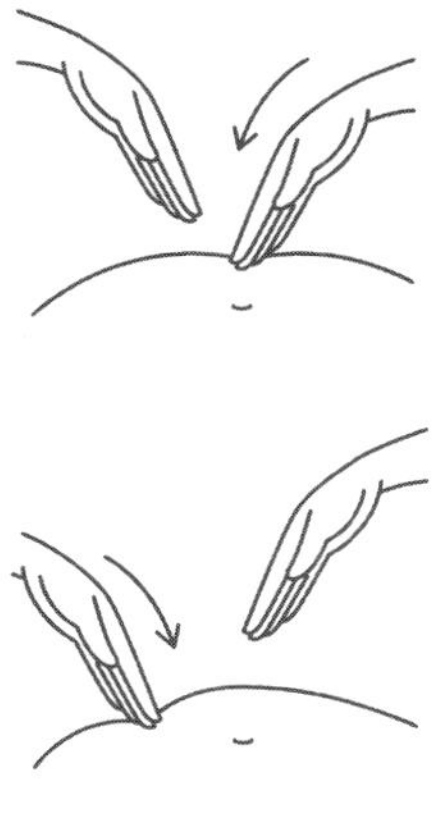

押す強さは、指先がお腹に少し沈む程度。

1分間 繰り返す

Point

ひざを立て、体に力を入れないで、リラックスすることが大事です。

腹筋に力を入れると、筋肉が壁になって、奥の下行結腸に振動が伝わりにくくなります。

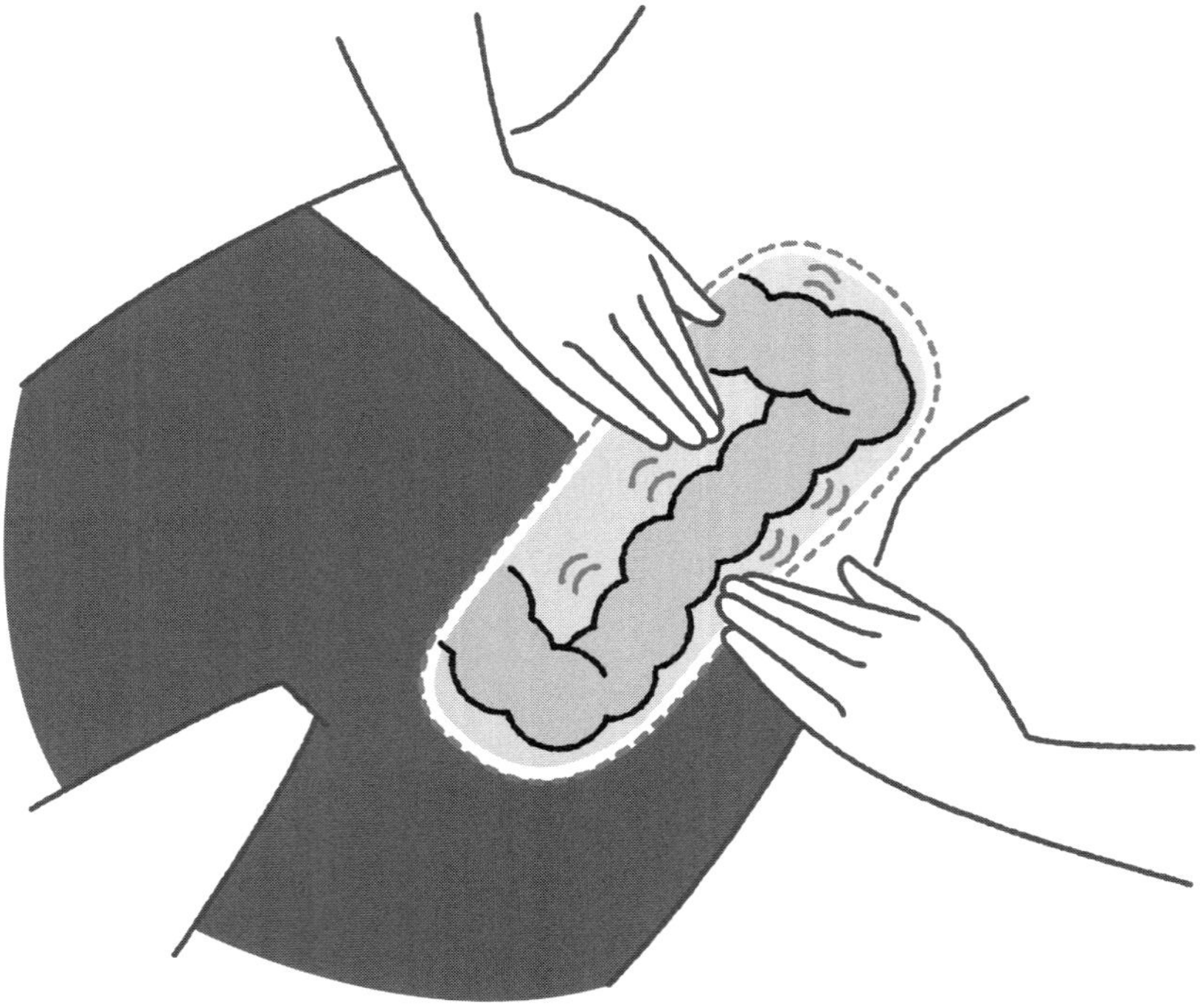

腸ほどき 3 下腹部トントンマッサージ

腸が曲がりくねっているので、ねじれも生じやすく、特に便がつまりやすい場所です。恥骨の上からやさしく丁寧に揺らしましょう。

効く場所はここ！ ▶ **S状結腸**

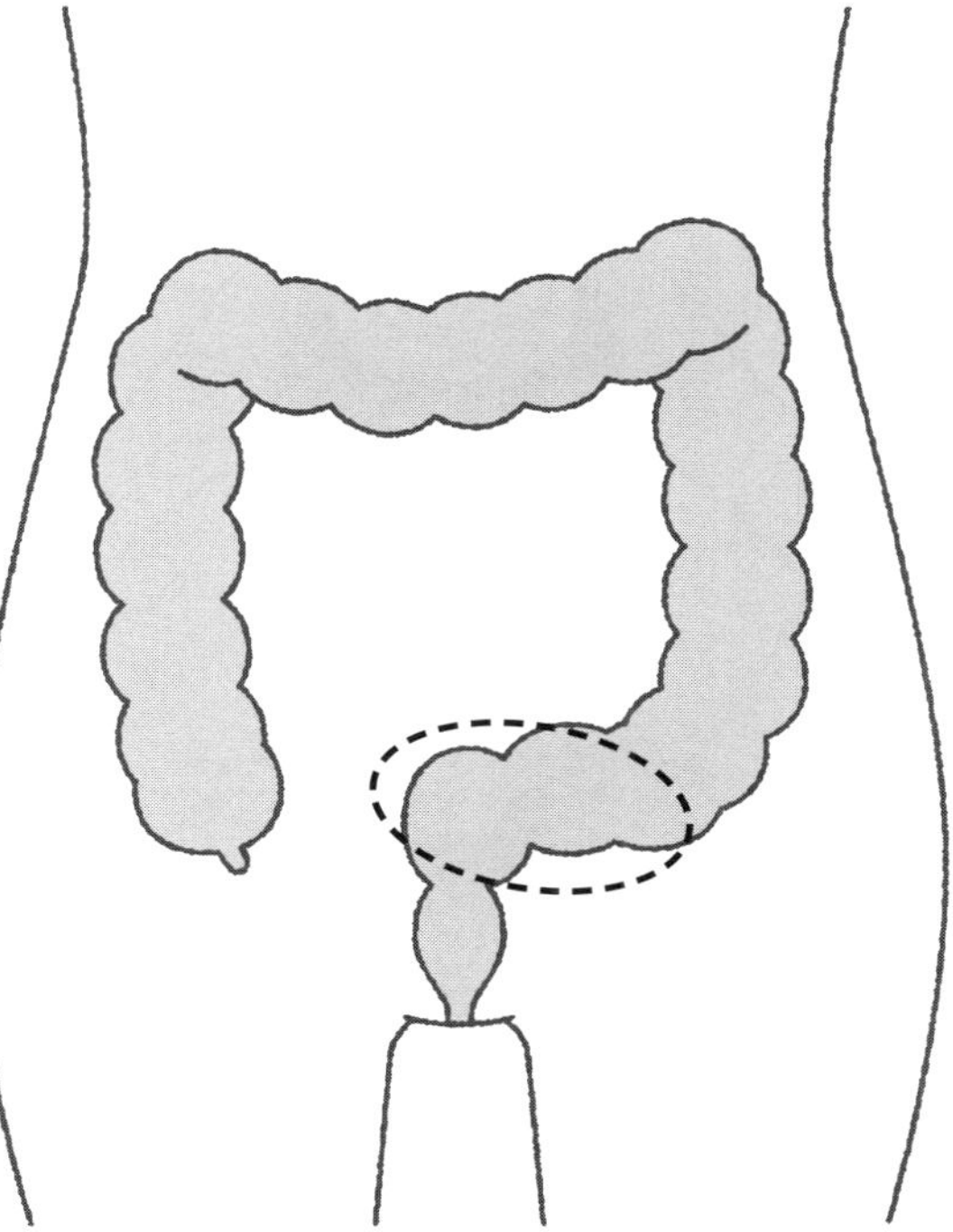

1 あおむけに寝転んでリラックスする

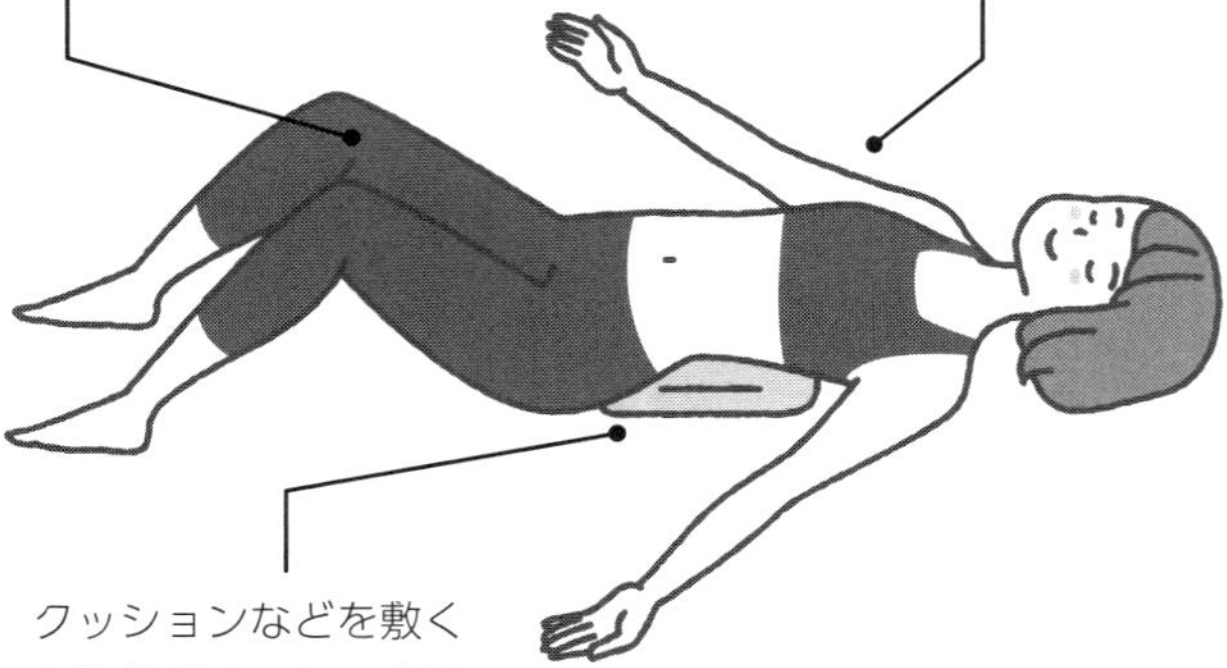
ひざを立てて、足は肩幅くらいに開くと腹筋がゆるんで効果が上がる。
全身の力を抜く。
クッションなどを敷くと腹筋がゆるんで効果が上がるとともに、腰痛を防止する。

2 S状結腸をはさむイメージで、下腹部に両手の指先を当てる

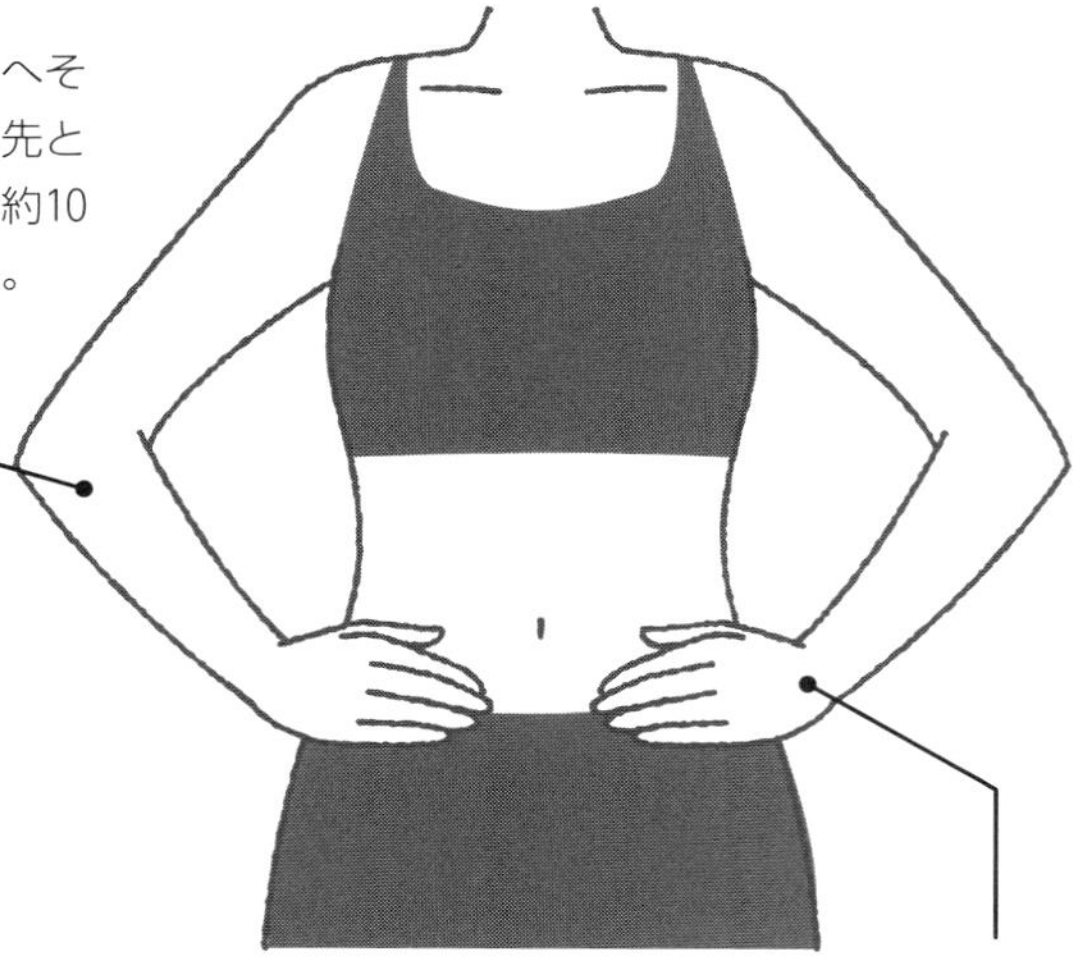
両手の指先をおへその下に置く。指先と指先との間隔は約10センチメートル。
人差し指から小指までの4本の指を使う。

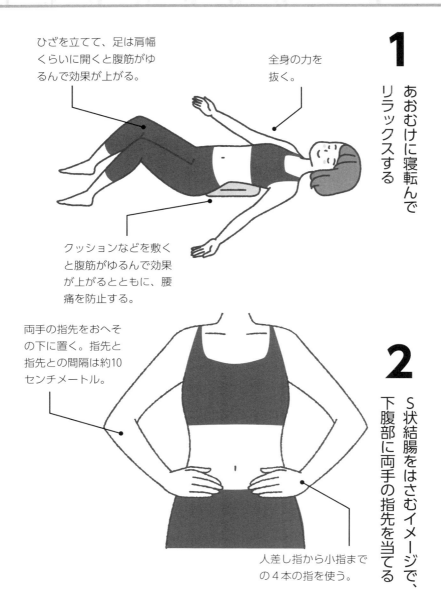

3

S状結腸をユサユサと揺らすように、左右交互にトントンと押す

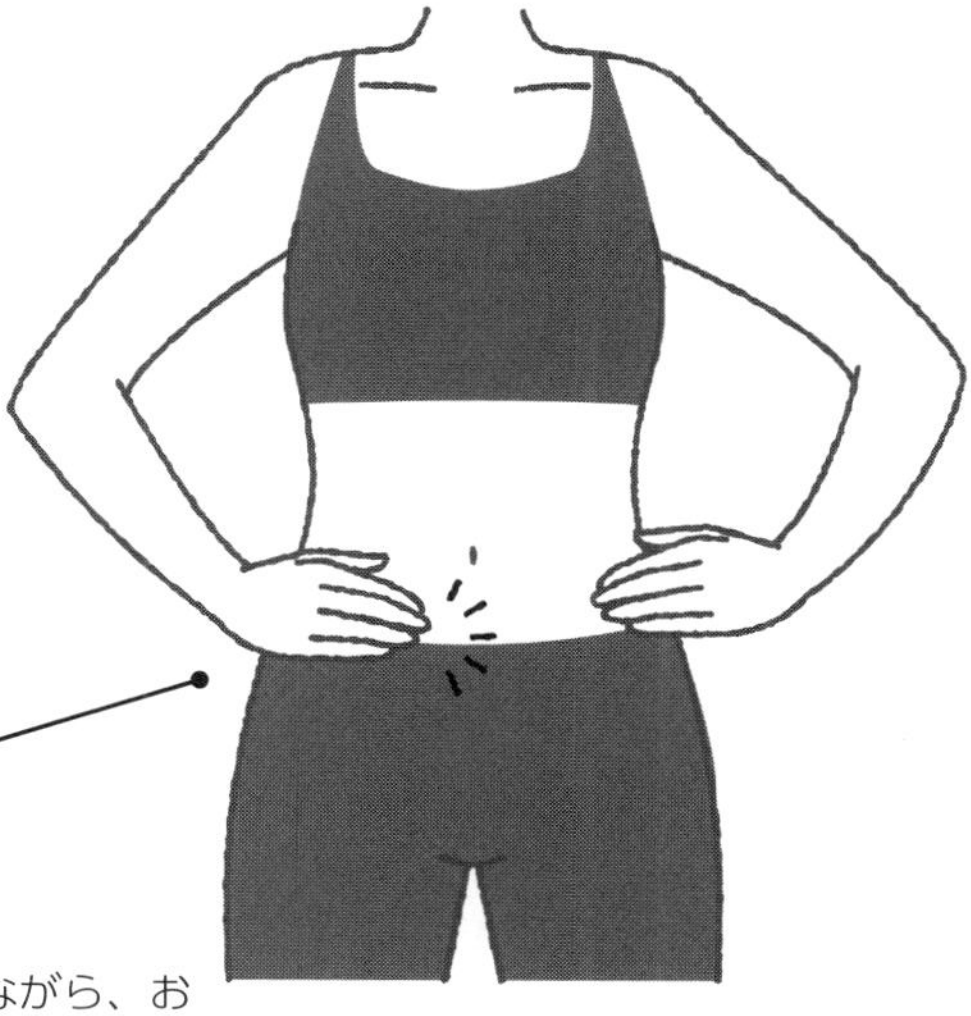

小刻みに押しながら、おへその両側から太ももの付け根までの間をゆっくり上下移動する。

お腹を押す強さのめやす

押す強さは、指先がお腹に少し沈む程度。

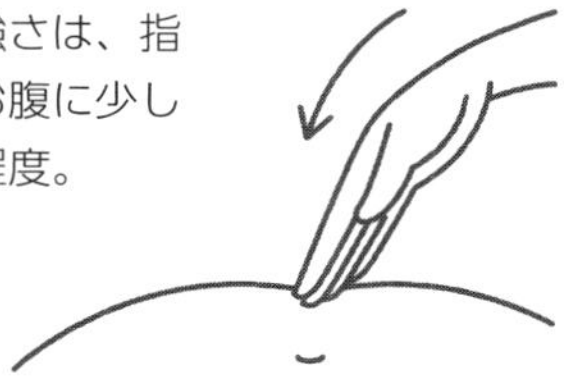

1分間繰り返す

Point

ひざを立て、体に力を入れないで、おへその左右から骨盤下部まで、下腹部全体をまんべんなく揺らします。

リラックスして体の力が抜けているほど、マッサージの振動がＳ状結腸に届きやすくなります。

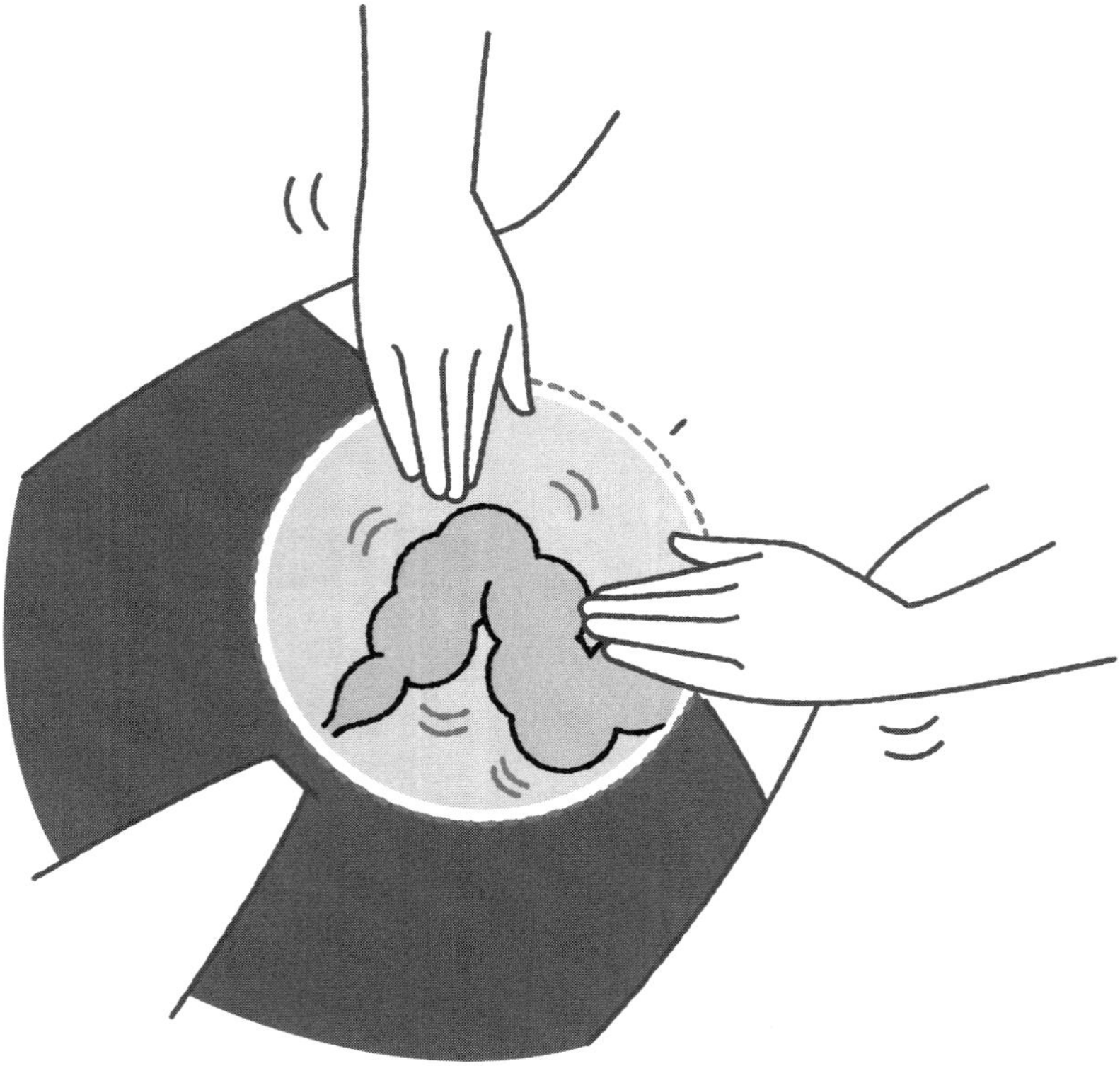

自律訓練法で心身ともにリラックス

便秘を含む体調改善のためには、精神的なストレスをうまく解消してやることがとても大切です。「けいれん性便秘」などでは精神状態が腸の働きに与える影響も少なくありません。

そこで、ドイツの精神科医であるシュルツが考案した「自律訓練法」を紹介したいと思います。自律訓練法を行うことで、ストレスによる緊張状態から体を解放し、心身ともにリラックスした状態をつくることができるでしょう。

自律訓練法は、別のいい方をすれば、「自己暗示によるリラクゼーション」といってもいいと思います。

例えば、「手足が重たい」とか、「手足が温かい」というとき、自分の意思で手足を重たく感じようとか、温かく感じようとしてはいけません。

あくまでも「重く感じる」「温かく感じる」ようになるまで「ひたすら待つ」ことが肝要です。慣れないうちは難しく感じるかもしれませんが、一度コツをつかめば、短い時間でも心拍数が下がり、血圧が下がり、呼吸がおだやかになり、皮膚の温度が上昇していくのが感じられるでしょう。

そうして体全体が緊張から解き放たれていくのが実感できるはずです。

自律訓練法は、正式には六つのステップで説明されています。しかし本書では、その一部を紹介することにいたします。これだけでも、十分にリラクゼーションを感じていただけると思います。

心身スッキリ自律訓練法

1

準備を整える

なるべく静かで落ち着ける場所で行います。体を締め付けない楽な服装に着替える。

2

姿勢を決める

椅子に座った姿勢か、床に寝転んだ姿勢のいずれかで行います。

横になる場合は、あおむけになって体の力を抜き、背中がべったりと床につくようにします。足は肩幅程度に開き、手のひらは上向きでも下向きでもかまいません。

椅子に座る場合は、深く腰掛けて、背中を背もたれに軽くあずけます。もたれすぎたり、腰をそらせたりしないよう気をつけてください。手のひらはひざの上に置き、足の裏を床にべったりつけて、肩幅程度に開きます。

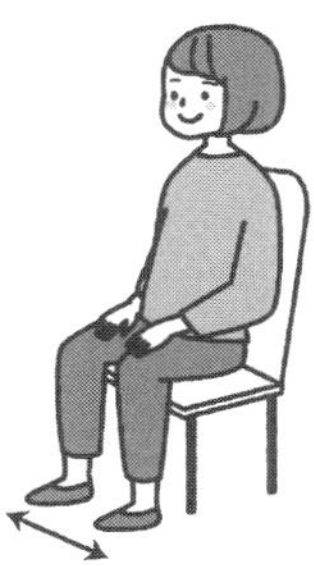

3

目を閉じ、ゆっくりと呼吸する

まず目を閉じます。そしてゆっくりと深い呼吸を繰り返します。さらに心の中で「気持ちが落ち着いている」と唱えます。

4

手足の重さを感じる

右手に意識を向けながら、心の中で「右手が重い」と唱えます。続けて「左手が重い」「右足が重い」「左足が重い」と心の中で唱えていきます。自分から重く感じようと力を込めず、リラックスすると、だんだん重さを感じるようになります。

5

手足の温かさを感じる

「右手が温かい」「左手が温かい」「右足が温かい」「左足が温かい」と心の中で順に唱えます。そのうちに精神がリラックスし、本当に手足が温かく感じるようになります。

6

消去動作を行う

両手を握ったり開いたり、伸びをしたり、腕の曲げ伸ばしをしたり、深呼吸をしたりして終了です。

急に立ち上がるとふらつく危険があるので行いますが、寝る前なら必要ありません。

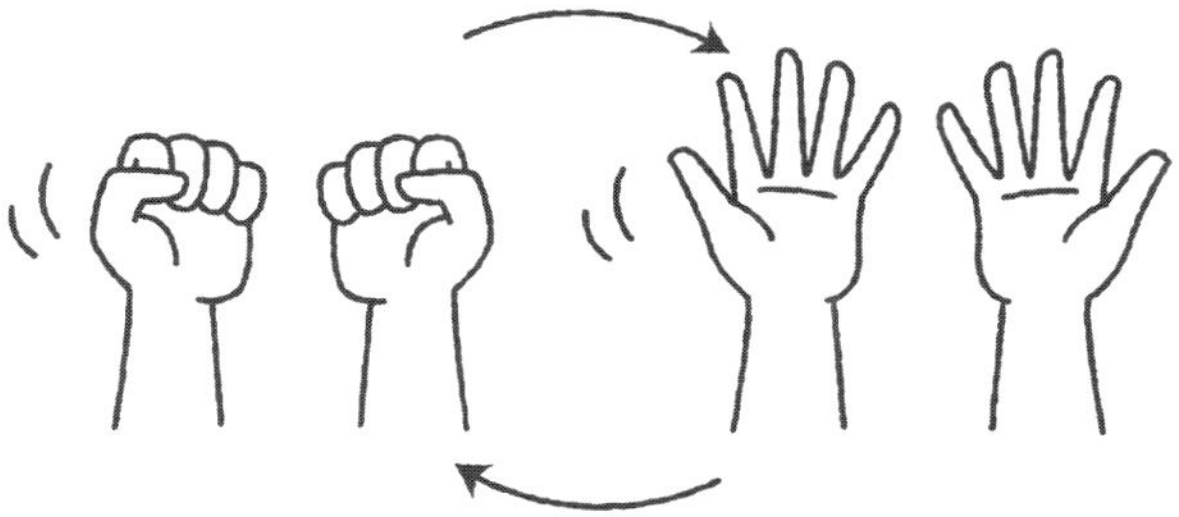

いつでもできる便秘改善ポーズ

便秘改善のためには、何らかの運動をするのが効果的です。しかし、ふだんデスクワークをしていて運動する機会がなく、また運動が苦手な人は、なかなか体を動かすことができないだろうと思います。

そこで、ちょっとしたすき間の時間に、いつでもできる便秘改善ポーズをお教えします。ちょっと移動する際に、体をくの字に曲げる屈伸運動をするだけでも、適度に「腸を揺らす」ことができます。腸が揺れることによってねじれが緩和され、腸内で便の通りも改善されます。また、デスクの前で椅子に座ったまま、上半身を左右にひねってみてください。これは83ページでご紹介した「上体ひねりマッサージ」の簡易版のようなもので、これだけでも大腸に刺激が伝わり、ねじれに便がひっかかりにくくなり、お通じにもよい影響があるでしょう。簡単ですので、ぜひお試しください。

便秘改善ポーズ 1

くの字屈伸

体をくの字型に曲げて、伸ばす動きを行います。

Point

腸のあたりを揺らすイメージで行いましょう。
簡単ですが、適度に揺らすことができます。

便秘改善ポーズ 2

座ったまま上体ひねり

上半身を左右にひねる動きを行います。

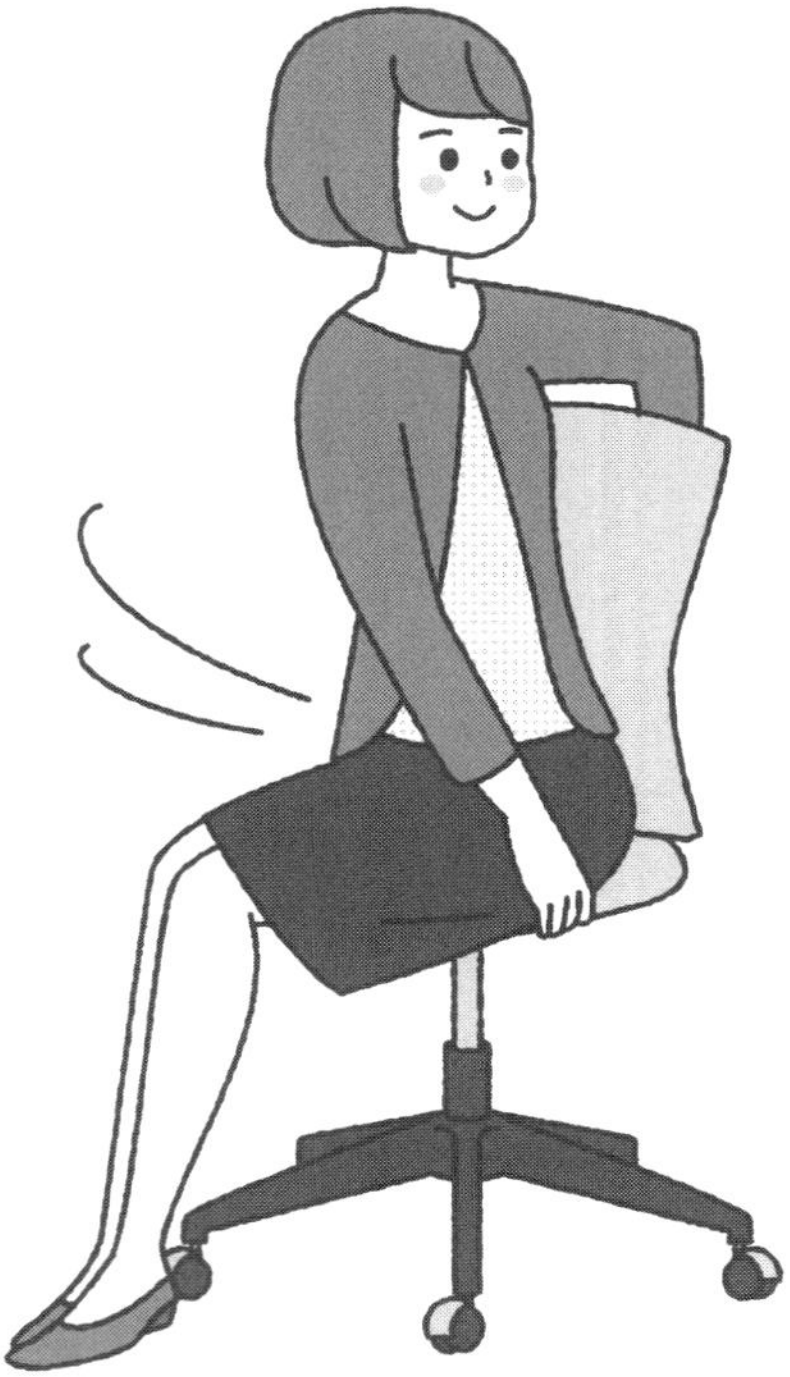

Point

デスクワークが中心など、特に座っていることが多い人も、合間に上半身をひねるなどの動きで腸を揺らすことを意識しましょう。

PART3

つまりしらずの腸になる生活

運動で便秘を改善しよう

文明の進歩が現代人の運動不足につながった

ＰＡＲＴ２の初めに、引退して運動をしなくなったスポーツ選手の中に、便秘になってしまう人がいると述べました。運動を止めて便秘になるということは、逆に考えれば、これまで運動をしていなかった便秘の患者さんが運動を始めれば、便秘が改善する可能性があるということです。

そもそも文明の利器に囲まれて生活している現代人は、スポーツが好きな人でなければ、どうしても運動不足になってしまいがちです。

例えば昔はどこに行くにも徒歩でした。江戸からお伊勢参りに行くのに、誰もが往復１０００キロの距離を歩いていたのです。ところが今は、ちょっと近所に出かけるときも乗り物を使うことが多いため、歩く距離も時間も非常に少なくなっています。

洗濯は、ほんの数十年前まで、たらいと洗濯板を使ってゴシゴシと洗う重労働でした。ところが今は、全自動の洗濯機ならスイッチ一つで済みます。掃除も、ほうきやはたきや雑巾を使う重労働でしたが、今は掃除機や化学ぞうきんなどを使えば、かなり楽に掃除ができるようになっています。

炊事も、ガスが普及する前は、火を起こすためにいちいち薪《まき》割りをしたり、薪を運んだり、火力を強めるために火吹竹で息を吹き込んだりしていました。これなどは心肺能力を高めたり腹筋を鍛えたりする効果があったでしょう。

要するに、昔は普通に生活することが、そのままエクササイズになっていたということです。これらすべてが簡便化され、重労働がなくなったおかげで、私たちの生活はずいぶん楽になりました。時間の余裕もできました。ただその一方で、「運動不足」になる人が激増し、便秘に悩む人を増やした面もあることは否定できないでしょう。

もちろん、便利になって便秘の人が増えたからといって、もとの不便な重労働の時代に戻すわけにはいきません。

そこで本節では、「便秘と運動」について検討してまいりたいと思います。

ウォーキングやジョギングの便秘改善効果は限定的

ウォーキングが健康にいいというのは、間違いありません。歩くことの効用を最初に説いたのは、「医学の父」と呼ばれる古代ギリシャのヒポクラテスといわれています。歩くことで心肺機能が高まり、第二の心臓である足の筋肉によるポンプ作用で血流がよくなるなど、さまざまな健康効果があります。適度なペースで行うジョギングも、運動不足解消には最適といえるでしょう。

しかしながら、ねじれ腸や落下腸による便秘に関していえば、あまり大きな効果を期待することはできません。というのも、ウォーキングやジョギングなどでは大腸を効果的に揺らすことができないからです。むしろ落下腸の方などは、より骨盤の下のほうに腸を追いやってしまう可能性もあります。

要は、ひとくちに運動といっても、便秘の改善に効果が高い運動もあれば、効果が薄い運動もあるということです。このあとご紹介する効果の高い運動で、効率よく便秘を改善していただきたいと思います。

ちなみにウォーキングをする際、大きく腕を振って、上半身をひねり、ウエスト周りをしぼるような動きで歩くようにすれば、ねじれ腸便秘の改善効果が高まります。

手軽で効果が高い「ラジオ体操」

一つ、便秘の症状の改善にかなり効果的な、おそらくほとんどの方が過去にやったことがあると思われる運動方法をお教えしましょう。それは、「ラジオ体操」です。ラジオ体操は非常に手軽で、だいたいの人が知っていて、すぐに始められます。もちろん便秘の症状を改善する目的でつくられた体操ではありませんが、ウエストを中心に上半身をひねる運動が含まれているため、ねじれ腸や落下腸による便秘改善に役立てることが可能です。

またラジオ体操自体、非常によく考えられた内容ですので、腸だけでなく、健康増進のためにもぜひおすすめしたいと思います。

ラジオ体操は、テレビやラジオでほとんど毎日放送されています。放送時間に合わせてやっていただいても、録画・録音しておいて、できる時間にやっても、どちらでもかまわないでしょう。時間も3分程度で終わりますので、ちょっとした空き時間に行うことができます。

体をひねる動作のときに、ねじれた腸のマッサージになることを意識してやってみてください。

腹筋を鍛え、上体をひねるスポーツがおすすめ

体をひねる動作が多いスポーツやダンスなどをするのも、ねじれ腸、落下腸便秘の改善につながります。具体的には、テニス、フラダンス、ベリーダンス、ピラティス、ゴルフなどがおすすめです。いずれも上体をひねる動作が含まれているだけに、腸のねじれや折れ曲がりがほぐされ、便をスムーズに出す効果があります。

運動を止めてから便秘が悪化した元スポーツ選手の方々には、もともと右に挙げたような競技をしていた人が多かったように感じられます。

体をひねることに加えて、腹筋を鍛えることも大切です。腹筋を鍛えることで、腸を下から支えることができるからです。落下腸は女性に多い傾向がありますので、特に女性は腹筋を鍛えるよう意識していただきたいと思います。

食事で便秘を改善しよう

いくら体によくても、1種類の食材だけ食べ続けるべきではない

ＰＡＲＴ１でも「食物繊維」について触れましたが、食事について、さらに詳しく考えてまいりたいと思います。本書の冒頭で、排便の回数は「食べる内容」などに左右されると述べました。当然ですが、便秘を改善するには、何を食べるのか、その内容にも配慮する必要があります。

私たちが食べたものが、胃や腸を通って最終的に便に変化していくわけですから、元になる食べ物に気をつけなければいけないのは当たり前といえます。

まず私は基本的に、「〇〇は便秘にいいからたくさん食べなさい」とか、「△△は便秘に悪いから絶対に食べてはいけない」といった食事指導は行いません。

例えばテレビの健康番組などで、「バナナにはこういう健康効果がある」と紹介されたとします。するとそれを見た多くの人々が、その後しばらくバナナばかり集中的に食べるようになることが多いといわれています。

しかしながら、たとえバナナが体にいいといっても、毎日バナナばかりたくさん食べ続けると、それだけでお腹一杯になってしまい、他の食べ物があまり食べられなくなります。当然、バナナに含まれない他の栄養が十分にとれなくなります。これでは栄養が偏ってしまい、かえって逆効果になりかねません。

49ページでも説明しましたが、いくら食物繊維が便通によいからといっても、あまりにも多くとりすぎたら、便のかさが増えすぎたり、便が腸のねじれにひっかかったりして、便秘の悪化につながる可能性があります。

発酵食品によって善玉菌を摂取することが体にいいのは間違いありません。しかし、腸内細菌は千差万別であり、人によっては発酵食品をとりすぎたことでガスが発生しやすくなることもあり得ます。ある善玉菌がある人の腸に非常によい影響を与えたからといって、それが万人に同じように効くとは限らないのです。「何か一つの栄養素、1種類の食材ばかり多くとりすぎるのはよくない」ということです。

五大栄養素をバランスよく摂取するのが基本

やはり、よくいわれることですが、バランスのよい食事を心がけるのが基本です。まずは「たんぱく質」「炭水化物」「脂質」の三大栄養素をしっかりとりつつ、さらに「ビタミン」「ミネラル」を加えた五大栄養素を摂取していくわけです。

「たんぱく質」は、筋肉や臓器、骨、血液など、人間の体の「材料」となります。肉類や魚類、大豆、卵、牛乳、チーズなどを食べると摂取できます。

「炭水化物」は人間が活動するためのエネルギー源となります。米や小麦などの穀類、イモ類、豆類などから主に摂取します。ただし、これらを多く食べすぎると、体内に脂肪として蓄積していきます。

「脂質」も重要なエネルギー源です。バター、オリーブオイル、サラダオイルなどから摂取します。脂質が不足すると肌がカサつくこともあります。ただし脂質をとりすぎると、肥満や生活習慣病の原因ともなり得ます。

「ビタミン」は、たんぱく質・炭水化物・脂質の三大栄養素をサポートするものと考えていいでしょう。体内で分泌される酵素を助けることで、体の調子をよくしていきます。肉類、魚類、野菜、果物などに多く含まれます。

「ミネラル」には、骨や歯をつくったり、神経や筋肉の機能を維持したりするなど、多くの働きがあります。ナトリウム、カリウム、カルシウム、マグネシウムなど、身体に必要なミネラルは16種類あり、野菜や果物、海藻などに多く含まれています。これらすべてをバランスよく摂取しようと思ったら、とてもではありませんが、「何か一つの食材を極端に多く食べる」ということ自体おかしいことになってしまいます。

もちろん全部の栄養素の量を計算して完璧に食材を準備するのは、非常に難しいことです。それでも、バランスのよい食事を心がけるだけでも、右に挙げた多くの栄養素をとることにつながることでしょう。

水分、マグネシウム、オリゴ糖を上手に採り入れる

栄養のバランスに心がけながらも、便秘がちな方は、「便を軟らかく」できるよう工夫していただきたいと思います。

便秘の人の場合、便が大腸に長時間とどまっているものです。その間にどんどん水

分が吸収されてしまうため、便秘でない人よりも余計に便が硬くなってしまいます。これを防ぐためには、「水分」をしっかりとることが大切です。おおまかなめやすとして、1日1リットル以上の水分はとるようにしたいものです。

といっても、がぶ飲みをするのではなく、1回の量は少しずつで、回数を多く飲むようにしましょう。そのほうが体の中をまんべんなく水分が巡り、便も潤《うるお》います。

ある調査結果によると、適量の食物繊維をとりながら、ミネラルウォーターを1日に2リットルくらい飲むと、便通の回数が増えたそうです。これは、水分とともにミネラルウォーターに含まれる「マグネシウム」の効果もあると考えられます。

ただしマグネシウムはとりすぎると中毒症状を起こすこともあります。高齢の方、腎臓の悪い方は特に注意が必要です。また、マグネシウムは牛乳との相性が悪く、一緒にとると血中カルシウム濃度が急激に上がることもあるので注意が必要です。

糖の一種である「オリゴ糖」も、整腸作用や、便を軟らかくする働きがあります。糖尿病で糖分の摂取に気をつけないといけない人以外は、誰が摂取しても大丈夫です。市販されているオリゴ糖を、砂糖の代わりに使うだけでOKです。

便秘の改善に効果のある食物

善玉菌を増やす食品、水溶性食物繊維を多く含む食材を、ほどよく食卓に採り入れることで、便秘の症状を改善していくことができます。もちろん何を食べる際にも「よく噛む」ことが大事です。

善玉菌を増やす食品

牛乳 	善玉菌のエサとなる乳糖が含まれている
チーズ 	ナチュラルチーズは乳酸菌を多く含む
ヨーグルト 	乳酸菌を多く含む。上澄みの液も栄養抜群
納豆 	納豆菌は腸内で善玉菌として働く。水溶性食物繊維も豊富
漬物 	植物性乳酸菌を含む「ぬか漬け」が特におすすめ
味噌 	腸内の善玉菌を増やしてくれる

水溶性食物繊維を多く含む食材

サトイモ 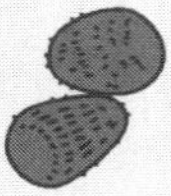	イモ類の中では水溶性食物繊維を多く含む
アボカド 	油分も多く含むので、便の腸の中の移動をスムーズにする
海藻 	水溶性食物繊維のヘミセルロースが豊富
プルーン 	水溶性食物繊維と不溶性食物繊維をほぼ同量含む。食べすぎに注意
ごぼう 	食物繊維を含む野菜の代表で、水溶性・不溶性いずれも多く含む
なめこ 	不溶性食物繊維を多く含むキノコ類の中で、水溶性も多く含んでいる
おくら 	ゆでたときに出るネバネバのもとは、水溶性食物繊維のペクチン
切り干し大根 	食物繊維を効率よく摂取できる

よい生活習慣を身につける

習慣を変えれば体が変わり、便秘も改善する

便秘になる第一の原因は体質です。ねじれ腸や落下腸といった体の構造的な問題も含めて、もともと便秘になりやすい特徴を持っているから便秘になるということです。

便秘を改善していけるかどうかは、みなさんがどのような生活習慣を身につけるかによって変わってきます。

本書の最終節となる本節で、生活の中でぜひ習慣として身につけていただきたいことをまとめておきたいと思います。これまで紹介したものも含めて、これらを毎日実践していただければ、便秘の症状は少しずつ緩和されていくでしょう。

❶毎朝決まった時間に起きる

毎日できるだけ同じ時間に起きる習慣をつけましょう。人間には「体内時計」が備わっていて、朝起きると体が活動状態になり、夜寝ると休息状態になります。腸の働きも体内時計と連動しており、腸を規則正しく動かすためにも、常に同じ時間に起床することが大切です。休日だからといってお昼まで寝ると、体内時計が不規則にずれてしまい、大腸の動きにもよくない影響が出る恐れがあります。

深夜勤務などでリズムが変わることがあっても、それ以外の日は同じ時間に起きる、深夜勤務用のリズムをつくるなど、それぞれ工夫してみてください。

❷起きたら腸ほどきマッサージをする

朝、目が覚めたら、寝床の中で「腸ほどきマッサージ」をしましょう。

まずは寝転んだままひざを立てて、「大腸押し上げマッサージ」を1分間行いましょう。

効果が薄い場合は「左腹部トントンマッサージ」「下腹部トントンマッサージ」を1分間ずつやったあと、立ち上がって「上体ひねりマッサージ」を1分間行います。

朝食前に大腸のコンディションを整える習慣をつけることで、よりスムーズな排便を促すことができます。

❸朝食は必ずとる

便秘の改善のためにも、朝食は必ずとっていただきたいと思います。たとえ量は少なくても、パンでもごはんでも、コーンフレークなどのシリアル食品でもかまいませんので、水分を同時にとりながら胃に食べ物を入れることが重要です。

その日の最初の食事によって「胃結腸反射」が起動し、体内下剤の胆汁が分泌されて大腸が動き始めます。大腸を動かすことで排便が促されるわけですから、朝食をとることを習慣づけるのは、便秘改善に非常に有効です。

❹朝食後、便意があってもなくても排便を試みる

これも繰り返しになりますが、排便に最適なタイミングは、その日の最初にとった食事のあとです。朝食後は自然に大腸が動きます。朝食後、便意があってもなくても、便が出ても出なくても、とにかくトイレで座って、3分間は排便を試みてください。

はじめのうちは便が出なくても、毎日トイレで座ることで、排便のリズムが整っていきます。

もちろん、その他の習慣を合わせて行うことで、便通が訪れる確率は高まっていくはずです。

❺なるべく運動をするよう心がける

1日のうちに、たとえ3分間のラジオ体操だけでもかまいませんから、何か「運動」を採り入れるようにしましょう。

スポーツ選手が引退して運動を止めると、とたんに便秘になることがあります。スポーツなどで「上体をひねる」動作を常にやっていた人が、やらなくなったために腸のねじれに便がひっかかりやすくなり、便秘を引き起こすのです。

ということはその逆、つまり運動を習慣づければ、それが腸のマッサージ効果となり、便が出やすくなるでしょう。

❻仕事の合間にも、ちょっとした運動を行う

仕事の内容によっては、デスクに座ったままほとんど運動をしない方もいらっしゃるでしょう。何か運動をするにしても、これまでスポーツやダンスなどをまったくしてこなかった人は、運動を始めること自体が難しく感じられるはずです。

そんな方は、101ページなどでも紹介しましたが、椅子に座ったまま上体をひねる運動をしたり、伸びをしたり、立ち上がって「く」の字に体を曲げる屈伸運動を行ったりしてください。それだけでも腸が適度に揺れて、便が通りやすくなるものです。

❼入浴中や就寝前に腸ほどきマッサージをする

夜、お風呂で湯船につかっている間に「腸ほどきマッサージ」をするのもおすすめです。湯船の中では全身がゆるんだ状態になり、腸をよく揺らすことができるので、便の通りがよくなっていきます。

さらに就寝直前にも腸ほどきマッサージをしておけば、次の日の朝、排便しやすいコンディションに持っていくことができます。

起床時と同様、なるべく毎日同じ時刻に寝るようにしましょう。生活のリズムを安定させることで、腸の動きを制御する体内時計が正常に働くようになります。

❽ストレスをためない

日頃からストレスをため込まないように気をつけるのも大切です。精神的なストレスは、いろいろな面で体に悪影響を与えることがあります。もちろんストレスをうまく解消できれば、ストレスが原因のけいれん性便秘を改善していくことができるでしょう。

排便は週に3回あれば便秘ではありません。毎日出ないことを気にしないのも、ストレス解消につながるでしょう。

95ページで紹介した「自律訓練法」も、ストレス解消には有効です。1日1回でもかまいませんから、ゆったりとした気持ちですごす時間をつくりましょう。

おわりに

便秘の原因と簡単にできる対処法について、ご理解いただけましたでしょうか？

便秘の症状である、

「毎日出ない」

「便が硬い」

「便を出しにくい」

「残便感がある」

には、それぞれ原因がありました。


そして「毎日出さなくてはいけない人」と「1週間に1回でもいい人」など、排便には非常に大きな個人差がありました。

さらにその対処法は便秘に対する考え方を変えたり、少しオリゴ糖や水分を加えたり、1日のうち数分間心がけるぐらいで、決して頑張らなくてもよいものでした。

いわゆる「便秘対処法」が便秘の人みんなに効かなかったのは、便秘の人それぞれに原因があり、目標も異なっていたのがその理由だったのです。

繰り返しますが、何も原因がなければ便秘になりません。便秘は生まれ持った「体質」です。

ただその「体質」は悪いことばかりではありません。「ねじれ腸」などによる、運動が必要な便秘では便秘をきっかけに運動するようになれば体にもよいはずです。

それぞれの便秘の原因となる「体質」を理解して、対処法を無理なく日常生活に組み込むことで「体質」とうまく付き合って、人生を楽しく明るいものにしていきましょう。

爽やかな海風が吹き抜ける　久里浜医療センターにて　　水上　健

【著者紹介】

水上　健（みずかみ・たけし）

国立病院機構（NHO）久里浜医療センター内視鏡健診センター部長。1965年福岡県生まれ。1990年慶應義塾大学医学部卒業、2000年に医学博士号を取得。専門は大腸内視鏡検査・治療、過敏性腸症候群（IBS）・便秘の診断と治療。「慢性便秘症診療ガイドライン」作成委員。

横浜市立市民病院・内視鏡センター長、ハイデルベルグ大学Salem Medical Center客員教授などを経て、2011年10月より現職。自身が開発した無麻酔大腸内視鏡挿入法「浸水法」は、スタンフォード大学、UCLAをはじめ国内外で広く導入され、近年ではこれを活用して腸管の異常形態「ねじれ腸」「落下腸」を発見。病態に応じた新たな治療法で多くのIBS・便秘患者の診療にあたり、絶大な効果をあげるほか、テレビや雑誌などで腸の健康に対する知識を啓発している。

著書に、『女はつまる　男はくだる』（あさ出版）、『100歳まで生きる腸の強化書』（KADOKAWA）、『IBS（過敏性腸症候群）を治す本』（法研）など多数。

便秘外来医が教える
1分でスルッ！と解消「腸ほどき」マッサージ

2018年3月19日　第1版第1刷発行

著　者　水上　健
発行者　安藤　卓
発行所　株式会社PHP研究所
京都本部　〒601-8411　京都市南区西九条北ノ内町11
〔内容のお問い合わせは〕教育出版部 ☎075-681-8732
〔購入のお問い合わせは〕普及グループ ☎075-681-8818
印刷所　図書印刷株式会社

©Takeshi Mizukami 2018 Printed in Japan
ISBN978-4-569-83963-9
※本書の無断複製（コピー・スキャン・デジタル化等）は著作権法で認められた場合を除き、禁じられています。また、本書を代行業者等に依頼してスキャンやデジタル化することは、いかなる場合でも認められておりません。
※落丁・乱丁本の場合は、送料弊社負担にてお取り替えいたします。